A. S. DE DONCOURT

VOYAGE
DE
FRANÇOIS LE VAILLANT

AUX PAYS DES GRANDS ET DES PETITS NAMAQUOIS

L'AFRIQUE AUSTRALE A NOTRE ÉPOQUE

J. LEFORT, Éditeur

LILLE, rue Charles de Muyssart, 24. | PARIS, rue des Saints-Pères, 30.

VOYAGE

DE FRANÇOIS LE VAILLANT

Gr. in-8° 2° série.

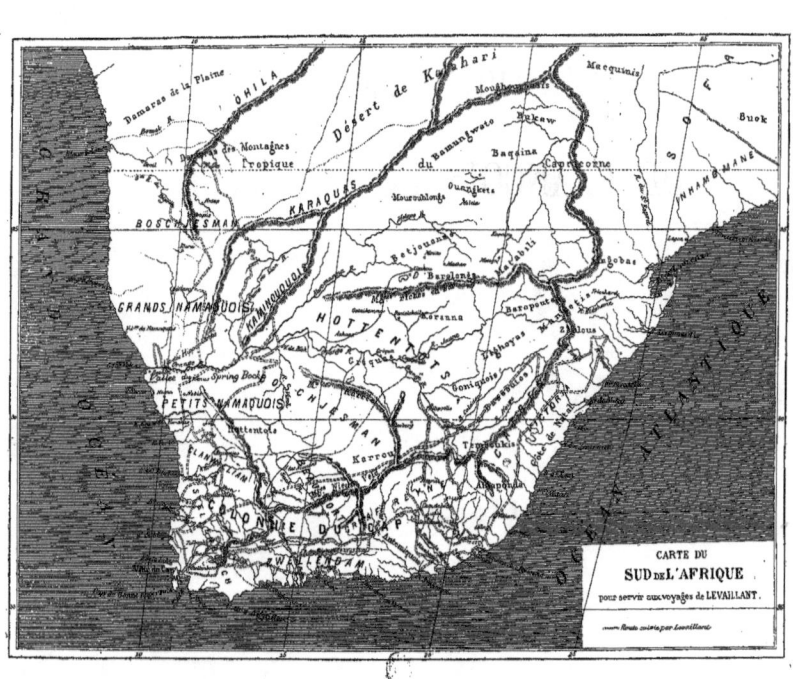

A. S. DE DONCOURT

VOYAGE
DE
FRANÇOIS LE VAILLANT
AUX PAYS DES GRANDS ET DES PETITS NAMAQUOIS

L'AFRIQUE AUSTRALE A NOTRE ÉPOQUE

J. LEFORT, Éditeur

LILLE, rue Charles de Muyssart, 24. | PARIS, rue des Saints-Pères, 30.

Propriété et droit de traduction réservés.

FRANÇOIS LE VAILLANT

PREMIÈRE PARTIE

I

Le Vaillant. — Sa famille. — Sa jeunesse. — Ses travaux. — Sa mort.

Vers l'époque où le goût des collections d'histoire naturelle et surtout les premiers volumes de Buffon réveillaient la passion des excursions lointaines, naissait à Paramaribo (Guyane hollandaise) un enfant qui devait un peu plus tard prendre une part active au développement de « cette science des oiseaux et des mammifères jusque-là si négligée. »

Son père, négociant originaire de Metz, homme instruit et amateur passionné de collections, n'épargnait aucune peine pour se procurer par lui-même les objets remarquables et curieux répandus dans la partie si intéressante de l'Amérique méridionale où il s'était fixé, et aucun soin pour les préparer et les conserver. En outre, il récompensait libéralement tous ceux qui lui procuraient quelque objet nouveau.

Mme Le Vaillant, soit par affection et dévouement pour son mari, soit par goût pour les études et les recherches auxquelles il se livrait, l'accompagnait dans toutes ses excursions scientifiques et parcourait ainsi avec lui tantôt une partie, tantôt une autre de la vaste colonie où ils avaient fondé une riche et magnifique plantation.

Et, non seulement le jeune François avait ainsi constamment sous les yeux les produits de leurs travaux et de leurs acquisitions; non seulement il jouissait avec eux et à son aise de leur cabinet varié, mais, dès ses plus jeunes années, il devint le compagnon de leurs courses scientifiques.

Il exerça ainsi ses premiers pas dans le désert et, comme il le remarque lui-même, naquit presque sauvage.

« La nature, ajoute-t-il, fut ma première institutrice, parce que c'est sur elle que tombèrent mes premiers regards.... Bientôt, travaillant pour mon propre compte, je me formai un cabinet de papillons, de scarabées et d'une infinité d'autres insectes.... Sur ces entrefaites, on me fit cadeau d'un singe auquel je m'attachai beaucoup, et que j'ai perdu d'une façon doublement malheureuse. Il croqua mes chenilles et mes papillons, et avec les insectes, il avala les épingles dont ils étaient traversés. Cet exploit lui fut fatal; il ne survécut pas aux tourments affreux qu'il en ressentit.... Je reçus ainsi une double leçon : j'appris à me défier de la gourmandise et à apprécier les avantages de l'ordre. »

La famille Le Vaillant, désirant rentrer en Europe, prit passage, le 4 avril 1763, à bord d'un bâtiment frété pour la Hollande. Le 12 juillet suivant, le navire jetait l'ancre au Texel.

Après quelques mois passés sur la terre Batave, M., Mme Le Vaillant et leur fils revinrent s'installer définitivement à Metz, où le jeune naturaliste put donner carrière à ses goûts.

Il s'appliqua à empailler toute espèce d'animaux, et y réussit fort bien. Quand il eut achevé d'explorer la belle campagne messine, il étendit ses courses scientifiques à une partie de la Lorraine et des Vosges; il passa en Allemagne, où il séjourna deux ans, toujours à peu près exclusivement occupé de sciences naturelles.

Toutefois, ces courses multipliées, ces chasses fatigantes développaient à la fois les forces physiques du jeune homme et cet esprit d'observation, cette énergie morale, cette persévérance d'atteindre le but proposé, qui sont nécessaires au voyageur et au savant, et dont il devait faire particulièrement preuve dans sa double exploration de l'Afrique.

Par un hasard heureux et rare, l'indépendance, que lui assuraient la position et la fortune de sa famille, se joignit, pour lui préparer les voies, aux encouragements de ses parents.

Et ainsi lui furent épargnés ces luttes, ces vicissitudes, ces obstacles et préoccupations de toutes sortes, qui d'ordinaire entravent les desseins du genre de celui qu'il conçut dès sa jeunesse, et qu'il eut le mérite d'exécuter avec autant de courage que de succès : l'exploration d'une des parties de l'Afrique les plus intéressantes et, jusqu'ici, les moins connues.

Il lui manquait encore une étude préparatoire, la plus nécessaire et la plus importante sans contredit ; il ne connaissait point Paris : les merveilles de son enseignement, de ses collections étaient pour lui lettres closes ; les causeries, les conseils, la direction des savants éminents qui en faisaient le centre du grand mouvement scientifique en voie de s'accomplir, n'avaient point encore achevé de porter la lumière dans son esprit et d'y développer « ce feu sacré » qui n'est pas moins nécessaire au savant qu'à l'artiste et à l'écrivain.

Son père l'y conduisit en 1777, et pendant trois ans il put voir chaque jour les oiseaux, les insectes et autres animaux du *Jardin du roi* (1), et les comparer à ceux des cabinets de Hollande, alors si riches par suite de l'immense extension coloniale de ce pays, et qu'il avait presque tous visités.

Ainsi préparé pour l'entreprise qu'il méditait, il quitta Paris et alla s'embarquer au Texel, le 19 décembre 1780.

Le 20 mars suivant, il arrivait au Cap de Bonne-Espérance, encore occupé à cette époque par les Hollandais.

Nous laisserons bientôt parler le célèbre voyageur lui-même. Disons seulement par anticipation, avec un de ses biographes, qu'il éprouva bien des vicissitudes et qu'après deux voyages

---

(1) Aujourd'hui Jardin des Plantes.

dans l'intérieur de l'Afrique, l'un vers l'est, que nous nous bornerons à analyser rapidement, et l'autre vers l'ouest, que nous lui demanderons de nous raconter en détail, il revint à Paris en 1786, possesseur d'une peau de girafe mâle, la première qui eût été vue en France et même en Europe (1), et qui est aujourd'hui au Muséum du Jardin des plantes ; d'une collection d'insectes] rares, et de mille quatre-vingts espèces d'oiseaux, dont plus de trois cents espèces étaient encore inconnues en Europe.

« Le Vaillant était un habile observateur et un ornithologiste distingué ; mais, peu versé dans l'étude des sciences et des lettres, il dut, à l'exemple de Chardin et de l'amiral Anson, recourir à une plume étrangère pour la rédaction de ses voyages.

» Il s'adressa, à cet effet, à un jeune homme appelé Varon, qui, imbu des doctrines de Jean-Jacques Rousseau, employa son imagination à lui prêter cet amour immodéré de l'indépendance, cette critique partiale de la vie civilisée et cette admiration irréfléchie pour la vie sauvage que les écrits du philosophe de Genève avaient mis à la mode. Il se plut aussi à peindre Le Vaillant, qui n'avait eu de son propre aveu qu'à se louer de tous ceux avec qui ses préparatifs de voyages l'avaient mis en relations tant en Europe qu'en Afrique, comme méconnu et persécuté.

» Ce système de dénigrement avait fait des ennemis au voyageur, et pendant la Terreur, il faillit payer de sa tête la manifestation de certaines opinions peut-être imprudentes. Il ne dut la vie qu'à la chute de Robespierre.

» Cette circonstance et quelques démêlés avec des libraires empêchèrent la publication immédiate de tous les voyages de Le Vaillant. D'autre part, le jeune Varon, étant parti pour l'Italie sans avoir achevé la rédaction de son second voyage, celui-ci fut terminé par Legrand d'Aussy. »

(1) Il en avait été envoyé une quelque temps avant en Hollande, mais par une suite de circonstances que nous aurons occasion de relater plus loin, elle y arriva dans un état si complet de dégradation qu'on dut la jeter.

Le mérite de style des voyages de Le Vaillant leur avait valu un grand succès, bien que l'on suspectât non seulement la véracité, mais même la réalité des voyages. Ceux qui, n'allant pas si loin, admettaient que le courageux explorateur eût réellement parcouru les contrées décrites, faisaient de lui une sorte d'aventurier plus avide de renommée que réellement poussé par le désir d'étendre les limites des sciences naturelles et de faire avancer la connaissance géographique de l'Afrique.

Ces soupçons, ou plutôt ces calomnies étaient évidemment injustes. Le Vaillant a réellement visité les pays qu'il décrit, et non seulement il les a vus, mais il les a très exactement observés. Il n'y a plus aucun doute à cet égard, non plus que sur la véracité de ses faits et gestes.

Le témoignage des missionnaires anglais qui ont visité plus tard les mêmes contrées, celui des voyageurs contemporains qui y ont pénétré, sont d'accord pour corroborer tout ce qu'il rapporte.

Enfin, à mesure que la colonisation empiète sur le désert, à mesure que s'ouvre devant les Européens cette mystérieuse Afrique méridionale dont Le Vaillant fut un des premiers explorateurs, on acquiert la preuve que la description du pays et de ses usages, les appréciations de mœurs et de tendances sont aussi fidèles qu'intéressantes.

Il n'est douteux maintenant pour personne que Le Vaillant était à la fois un voyageur expérimenté et un homme sincère, et que, s'il eût pu rédiger lui-même entièrement ses voyages comme il avait écrit ses observations ornithologiques, il y aurait apporté la même simplicité que dans les relations de sa vie habituelle (1).

D'ailleurs, et en dépit de toute critique, les voyages de

(1) Les exagérations de sentiments et parfois de style auxquelles il est fait ici allusion, se rencontrent surtout dans le premier voyage de Le Vaillant; la critique que nous venons de mentionner ne s'applique que très rarement au second voyage qui est le seul que nous reproduisons; nous avons de plus soigneusement supprimé les passages emphatiques ou empreints de cette exagération à l'égard *des hommes de la nature et de la vie sauvage*, qui était de mode à la fin du XVIIIe siècle, et dont notre époque a heureusement fait justice.

Le Vaillant seront toujours lus avec autant de fruit que de plaisir : ils amusent et intéressent, i s attachent fortement par des descriptions et des observations à la fois exactes et saisissantes, et par une connaissance approfondie de l'homme et de la nature.

Certes, ce sont là des qualités réelles, et il nous semble superflu d'ajouter que l'homme, qui, de l'aveu de ses critiques les plus ardents, les a possédées, ne saurait mériter le titre d'*aventurier* que ces mêmes critiques lui ont décerné.

S'il ne fut pas un savant dans toute l'étendue que l'on donne à ce mot, pris dans son sens abstrait, Le Vaillant fut incontestablement un très habile entomologiste, un *savant* ornithologiste et un observateur expérimenté des phénomènes de la nature. Il possédait des connaissances générales assez étendues dans toutes les branches de la zoologie pour pouvoir classer et décrire les animaux de tout genre qu'il rencontrait, assez de connaissances en minéralogie pour étudier utilement les territoires qu'il traversait. En un mot, il serait à désirer que des explorateurs de sa valeur pussent parcourir tous les points du mystérieux continent africain, et, non seulement nous les faire connaître avec la même exactitude et en nous inspirant autant d'intérêt, mais en y laissant, sur leur passage, autant d'estime pour la supériorité des races blanches et autant d'éléments de civilisation qu'il en a laissé dans le sud de ce pays.

« Une petite propriété qu'il possédait à Lanoue, près de Sézanne (Marne), fut, dans les dernières années de sa vie, le séjour ordinaire de Le Vaillant. Son goût le portait encore à courir sans cesse les champs; et, armé d'un fusil, il aimait à chasser comme il l'avait fait durant son active jeunesse au milieu des sauvages africains.

» Il reparaissait seulement par intervalles à Paris, pour surveiller la publication ou la réimpression de ses ouvrages.

» Il vécut ainsi près de trente années dans une solitude aussi douce que tranquille, et ce fut au fond de cette retraite, libre de graves soucis, qu'il rendit le dernier soupir, le 20 novembre

1824. Il était âgé de soixante-dix ans et ne laissait pas de postérité. »

Le premier des voyages de Le Vaillant, commencé en 1781, du Cap de Bonne-Espérance aux limites de la Cafrerie, au delà du 28° de longitude orientale et par le 29° de latitude australe, se termina en 1783.

Le second, qu'il poussa jusque chez les *Houswanas* et chez les *Boschimen* (*hommes des bois*) (1), au nord du Capricorne et à l'ouest du 14° de longitude orientale, embrasse une période d'environ treize mois, du 15 juin 1783 au 15 juillet 1784, époque où il repartit pour l'Europe.

C'est la relation de ce second voyage que nous nous proposons de reproduire, en respectant strictement le texte, sauf les suppressions de passages peu intéressants, de longueurs ou de redites inutiles.

Mais nous croyons devoir donner auparavant une rapide analyse entremêlée de quelques citations du voyage qui avait précédé.

(1) Comme on verra plus loin, dans la relation de ce second voyage, nous conservons, au lieu de l'orthographe actuelle que nous employons ici, celle adoptée par Le Vaillant, c'est-à-dire *Houzouanas* au lieu de *Houswanas*, et *Boshjesman* au lieu de *Boschimen*.

II

Premier voyage. — Le cap de Bonne-Espérance. — La baie de Saldanha. — Retour au Cap. — La terre de Natal et la Cafrerie.

Grâce à ses relations de famille et d'amitié en Hollande, Le Vaillant obtint la permission de passer au Cap sur un navire de la Compagnie des Indes. « Nous levâmes l'ancre, dit-il, le 19 décembre 1780, veille de la déclaration de guerre de la part des Anglais à la Hollande. Vingt-quatre heures plus tard, et la Compagnie ne nous aurait plus permis de partir. »

Cette chance heureuse devait être d'un bon augure pour notre voyageur.

Après trois mois et dix jours de traversée, le bâtiment mouillait dans la baie de la Table.

« J'étais impatient de connaître ce pays nouveau où je me voyais transporté comme en songe. Tout se présentait à mes regards sous un aspect imposant, et déjà je mesurais de l'œil les déserts immenses où j'allais m'enfoncer.

» La ville du Cap est située sur le penchant des montagnes de la *Table* et du *Lion*. Elle forme un amphithéâtre qui s'allonge jusque sur les bords de la mer; les rues, quoique larges, ne sont point commodes, parce qu'elles sont mal pavées. Les maisons, presque toutes d'une construction uniforme, sont belles et spacieuses; on les couvre de roseaux pour prévenir les accidents que pourraient occasionner des toitures plus lourdes lorsque les gros vents se font sentir.

» .... L'entrée de la ville par la place du château offre un superbe coup d'œil ; c'est là que sont assemblés en partie les plus beaux édifices. On y découvre, d'un côté, le jardin de la Compagnie dans toute sa longueur ; de l'autre, les fontaines dont les eaux descendent de la Table par une crevasse qu'on aperçoit de la ville et de toute la rade. Ces eaux sont excellentes et fournissent avec abondance à la consommation des habitants, ainsi qu'à l'approvisionnement des navires qui relâchent dans la baie.

» La vie est au Cap facile et agréable ; la fertilité des environs est incomparable et tous les vivres y abondent ; toutefois, et quoi que puissent dire les admirateurs enthousiastes de cette ville, il me semble que nos fruits y ont bien dégénéré. Le raisin seul m'y paraît délicieux ; les cerises sont rares et mauvaises ; les poires et les pommes ne valent pas beaucoup mieux et ne se conservent pas.

» En revanche, les oranges et les citrons sont excellents, les figues délicates et saines ; mais la petite banane, autrement dite *pisan*, est de mauvais goût. N'y a-t-il pas lieu de s'étonner que dans un aussi beau pays, sous un ciel aussi pur, si l'on excepte quelques baies assez fades, il ne se trouve aucun fruit indigène.

» L'asperge et l'artichaut ne croissent point au Cap, mais tous les autres légumes d'Europe y sont naturalisés, et on en jouirait toute l'année, si le vent du sud-est qui règne pendant trois mois ne desséchait la terre au point de la rendre incapable de toute espèce de culture. Il souffle avec tant de force que, pour préserver les plantes, on est obligé de faire à tous les carrés de jardin un entourage de fer ou de charpente. Les mêmes précautions doivent être prises à l'égard des jeunes arbres, qui, malgré ce soin, ne poussent jamais les branches du côté du vent et se courbent toujours du côté opposé, ce qui leur donne une triste figure et les rend très difficiles à s'élever.

» .... Les maladies épidémiques ne sont malheureusement pas rares dans les régions qui nous occupent, et parmi elles, la plus dangereuse, la plus cruelle est le mal de gorge. Les personnes les plus robustes y succombent en trois ou quatre jours ; c'est un coup violent qui ne donne pas à ceux qu'il frappe le temps de se reconnaître.

» La petite vérole n'est pas un fléau moins funeste pour la colonie. Cette partie du globe ne la connaissait pas avant l'arrivée des Européens (1). »

Nous n'insistons ni sur le climat, ni sur ces ouragans qui ont valu à ce promontoire avancé de l'Afrique méridionale sa première appellation, ni sur les bizarres montagnes de la Table et du Lion dont parle ici Le Vaillant, parce que nous aurons occasion de revenir avec lui, dans la suite, sur ces sujets.

La première excursion de notre voyageur le conduisit dans la baie de Saldanha, « où les *cachalots*, espèce de baleine que les Hollandais appellent *noord-kaaper*, abondent et jouent continuellement. Je leur ai souvent envoyé des balles lorsqu'ils se levaient droit au-dessus de la mer, et je ne me suis jamais aperçu que cela leur fît le moindre effet.

» Nous trouvâmes une grande quantité de lapins dans la petite île du *Schaapen-Eyland*; elle devint notre garenne, et c'était une bonne ressource pour nos équipages.

» Le gibier de toute espèce fourmille dans les environs; on y trouve principalement de petites gazelles; on y voit aussi des perdrix et des lièvres. L'embarras de monter et de descendre continuellement dans les sables qui bordent toute cette plage en rend la chasse très pénible et très fatigante. Les panthères y sont communes, mais moins féroces que dans d'autres parties de l'Afrique, parce que, le gibier leur procurant une nourriture facile, elles ne sont jamais tourmentées par la faim.

» .... Dans une de nos promenades à l'île Schaapen pour y tuer des lapins, nous vîmes s'élever tout à coup, à côté de notre chaloupe, un cachalot qui nous fit une peur effroyable. Il était

---

(1) L'admirable et précieuse découverte de Jenner a singulièrement adouci pour la colonie du Cap les mortelles rigueurs de ce fléau, qui toutefois, et malgré la vaccine, quand il y sévit sous une forme épidémique bien déclarée, y fait plus de victimes qu'en Europe en pareil cas.

si près que, dans la crainte qu'en retombant il nous fît chavirer et nous engloutît à jamais sous son énorme poids, nos matelots sautèrent à l'eau; mais celui qui était au gouvernail revira si lestement que nous évitâmes le monstre. Cet animal s'était élevé de douze pieds au moins au-dessus de l'eau; il nous arrosa tous en replongeant, et notre chaloupe reçut une si violente commotion qu'elle faillît être submergée.

» Il est certain que, sans la présence d'esprit de notre pilote, aucun de nous n'aurait échappé à la mort.

» Le cachalot mesure ordinairement soixante à quatre-vingts pieds de long, quelquefois davantage; souvent il se dresse perpendiculairement au-dessus des flots de la moitié de sa longueur; et lorsque cette lourde masse retombe, le bruit d'un coup de canon et le bruit de sa chute n'ont point de différence....

» Nous séjournions depuis à peine trois mois dans la baie, et j'en connaissais déjà tous les environs; j'avais, dans ce court espace de temps, rassemblé une collection considérable et précieuse d'oiseaux, de coquilles, d'insectes, de madrépores, etc.; mais un événement funeste — le contre-coup de la guerre européenne — vint tout à coup me priver pour toujours du fruit de mon travail, de mes recherches et de tant de longues et dangereuses courses....

» Avant mon retour au Cap, une chasse au tigre que je fis en compagnie d'un seul Hottentot, m'apporta des émotions d'un autre genre. Je tuai la bête, et dans la satisfaction que j'en éprouvai, je retrempai toute mon énergie.

» En rentrant au Cap, je fus reçu par M. Boers, qui en était le gouverneur, avec une bienveillance et une sollicitude toute particulière. Il m'installa dans sa propre maison, et sa famille devint la mienne.

» Pendant ce temps, on travaillait à mes équipages, et quelque empressement qu'on y mît, j'eus grandement le temps d'explorer les environs et d'y remplacer dans une assez large mesure la perte de mes premières collections.

» Les différents préparatifs de mon voyage touchant enfin à

leur terme, je fis rassembler toutes les provisions éparses, et elles étaient considérables.

» J'avais fait construire deux grands chariots à quatre roues, couverts d'une double toile à voiles : cinq grandes caisses remplissaient exactement le fond de l'une de ces voitures et pouvaient s'ouvrir sans déplacement. Elles étaient surmontées d'un large matelas, sur lequel je me proposais de coucher durant la marche.

» Cette première voiture, qui portait presque en entier mon arsenal, fut appelé le *chariot-maître*. Une des cinq caisses était remplie, par compartiments, de grands flacons carrés qui contenaient chacun cinq à six livres de poudre. Ce n'était là que pour les besoins du moment; le magasin général était composé de plusieurs petits barils que j'avais fait rouler séparément dans des peaux de moutons fraîchement écorchés.... Tout calculé, je pouvais compter sur quatre à cinq cents livres de poudre et deux mille au moins de plomb et d'étain, tant en saumon que façonné. J'avais seize fusils, dont l'un, destiné pour la grande bête, comme rhinocéros, éléphants, hippopotames, portait un quart de livre. Je m'étais muni ensuite de plusieurs paires de pistolets à deux coups, d'un grand cimeterre et d'un poignard.

» Le second chariot était chargé du plus plaisant attirail qui se puisse imaginer. C'était ma cuisine; et que de repas exquis et paisibles ne portait-il pas ainsi en perspective! Un gril, une poêle à frire, deux grandes marmites, une chaudière, quelques plats et assiettes de porcelaine, des cafetières, tasses, théières, jattes, bouilloires, etc.... En passant tout cela en revue pendant qu'on l'emballait, je me demandais si Sardanapale, voire même Lucullus, ne s'en fussent pas contentés pour la préparation de leurs légendaires festins?

» En plus, et pour mon service personnel, je m'étais muni de linge de toute espèce, d'une bonne provision de sucre, de thé, de café, et de quelques livres de chocolat.

» Je devais fournir du tabac et de l'eau-de-vie aux Hottentots qui m'accompagnaient ; aussi avais-je une forte provision du premier et deux tonneaux du second.

» Je voiturai encore une abondante pacotille de verroteries, quincailleries et autres menus objets, pour opérer, suivant l'occasion, des échanges et me faire des amis.

» Joignez à ce détail de ma caravane une grande tente, une canonnière, les instruments nécessaires pour raccommoder mes voitures, pour couler du plomb, un cric, des clous, du fer en barre et en morceaux, des épingles, du fil, des aiguilles, quelques eaux spiritueuses, une boîte de pharmacie, etc., et vous aurez une idée parfaite de ce ménage ambulant que portaient mes deux voitures, dont chacune pesait de quatre à cinq milliers de livres.

» Mon train était composé de trente bœufs, savoir vingt pour les deux voitures et les dix autres pour relais ; de trois chevaux de chasse, de neuf chiens et de cinq Hottentots.

» J'augmentai considérablement par la suite le nombre de mes animaux et de mes hommes. Celui de ces derniers allait quelquefois jusqu'à quarante. Il augmentait ou diminuait suivant la chaleur de ma cuisine ; car au sein des déserts d'Afrique comme en nos pays policés, on rencontre des tourbes d'agréables parasites, peu honteux de leur contenance ; ceux-là pourtant, sans m'être trop à charge, ne m'étaient point tout à fait inutiles, et ne savaient pas comment on fait la pirouette quand la nappe est enlevée (1).

» Lorsque mes équipages furent en ordre, je pris congé de mes amis, et le 18 décembre 1781, à neuf heures du matin, je partis, escortant moi-même à cheval mon convoi.... »

A partir de ce moment, commencent pour Le Vaillant ces marches souvent agréables, plus souvent périlleuses et toujours

---

(1) Parmi les animaux que Le Vaillant ajouta à sa caravane avant de quitter la colonie, nous devons mentionner des chèvres, une vache laitière, un coq, dont « je comptais, dit-il, me faire un réveille-matin, » et aussi un de ces singes, dont l'espèce, fort commune au Cap, porte le nom de Bawian. Ce joli et fidèle animal, appelé Kées, devait rendre à son maître d'importants services, en même temps que par sa gentillesse il charmait les ennuis de la route.

intéressantes, qui, après lui avoir fait visiter quelques habitations de colons où l'accueil le plus bienveillant et le plus hospitalier ne lui fait jamais défaut, le conduisent aux limites extrêmes du territoire connu des Européens, et enfin au sein de ces solitudes grandioses que l'œil *d'un visage pâle* n'a jamais encore contemplées.

Les chasses ne manquent pas; zèbres, gazelles, l'espèce surtout appelée *antilope bleue* par Pennant, et *txiran* par Buffon, fourmillent sur la route.

« A mesure que je m'éloignais des colonies, continue Le Vaillant, et que je m'avançais dans les terres, tout prenait à mes regards une teinte nouvelle : les campagnes étaient plus magnifiques; le sol me semblait plus fécond et plus riche, la nature plus majestueuse et plus fière. La hauteur des monts offrait de toutes parts des sites et des points de vue tantôt bizarres, tantôt charmants, que je n'avais jamais rencontrés, et ce contraste avec les plaines arides et brûlées du Cap, me faisait croire que j'en étais à plus de mille lieues déjà.... Et quand il s'agissait de dresser mon camp, je n'avais que l'embarras du choix entre les sites pittoresques et commodes qui se succédaient sous mes pas....

» Presque immédiatement après avoir traversé le Keur-Boom, nous commençâmes à rencontrer de nombreux troupeaux de buffles qui venaient brouter sous nos yeux. Nous leur donnions la chasse, et nous ne manquions pas de nous procurer par ce moyen un abondant gibier.

» Cet animal est extrêmement farouche, et c'est avec de grandes précautions qu'il faut l'attaquer dans les bois; mais en rase campagne il n'est point redoutable, il craint et fuit la présence de l'homme. La façon la plus sûre de le prendre est de le faire harceler par quelques bons chiens; tandis qu'il s'occupe à se défendre, un coup de fusil à la cervelle ou à l'omoplate l'étend raide sur la place. Ses cornes sont très grandes et divergeantes; on dirait, par le rapprochement qui les unit sur le front, qu'elles sortent de la même base; elles y forment une espèce de bourrelet.

» Le buffle de cette partie de l'Afrique est incomparablement plus fort et plus grand que les plus beaux bœufs de l'Europe.

» En général, l'animal à cornes et à pied fourchu porte un œil hagard qui le fait paraître terrible ; mais ce n'est pas, comme dans les bêtes carnassières et sanguinaires, un signe de fureur ; c'est au contraire un signe de crainte et d'effroi. Il n'a d'ailleurs ni l'astuce réfléchie, ni l'atroce méchanceté du lion, du tigre, ni même de l'éléphant. Les végétaux dont il se nourrit ne portent point assez de chaleur dans ses entrailles, et s'il est plus farouche, c'est qu'il est plus timide....

» La première fois que nous vîmes des éléphants, c'était sur les bords de la remarquable baie de Flettenberg ; des traces et des fientes fraîches que nous rencontrons sur notre route, nous indiquent le récent passage d'une troupe de ces animaux.

» Nous nous arrêtons, et un de mes Hottentots s'empresse de monter sur un arbre pour explorer du regard les environs. Bientôt il me fait signe, en mettant un doigt sur sa bouche, de faire silence, et, avec l'autre main qu'il ouvre et ferme plusieurs fois, il nous indique le nombre des éléphants qu'il aperçoit.

» Je descends : on tient conseil, et nous prenons le dessous du vent pour pouvoir approcher sans être découverts.... Nous arrivons si près de ces énormes animaux que nous en touchions presque un à travers le massif de broussailles qui nous en séparait.

» J'étais sur un petit tertre au-dessus de la bête, et comme elle continuait à ne montrer que sa croupe, je restais immobile à attendre le moment favorable de tirer.... A la fin, un léger mouvement attira mon attention : la tête et les défenses de l'animal se tournèrent avec inquiétude de mon côté. Sans perdre un seul instant, je pose mon gros fusil sur son pivot et je lui lâche mon coup au milieu du front.... Il tombe mort.

» Le bruit de sa chute, joint à celui de la détonation, fait sur-le-champ détaler une centaine de ses camarades, qui s'enfuirent à toutes jambes. Rien n'était plus amusant que de voir le mouvement de leurs grandes oreilles qui battaient l'air en proportion de la vitesse de leur course ; ce n'était là cependant que le prélude d'une scène beaucoup plus animée.

» Je prenais plaisir à les examiner, lorsqu'il en passa un auprès de nous qui reçut un coup de fusil d'un de mes gens. Quoique blessé, il voulut fuir ; nous nous mîmes à sa poursuite. Il se couchait, se relevait, retombait, et, toujours à ses trousses, nous le faisions relever à coups de fusil.

» Il nous conduisit ainsi dans de hautes broussailles, parsemées çà et là de troncs d'arbres morts et renversés ; au quatrième coup, il devint furieux contre le Hottentot qui l'avait tiré. Un autre l'ajusta et fit feu sans atteindre la bête, dont la fureur atteignit son paroxysme.

» .... J'étais à peine à vingt-cinq pas, portant, outre mes munitions, mon fusil qui pesait trente livres. Je voulus fuir, mais à chaque pas l'éléphant gagnait sur moi. Plus mort que vif, abandonné de tous les miens, sauf un seul qui accourait pour me défendre, mais qui était encore éloigné, je pris le parti de me coucher et de me blottir contre un gros tronc d'arbre renversé. J'y étais à peine que l'animal arrive, franchit l'obstacle, et, tout effrayé lui-même, s'arrête pour écouter et regarder....

» Cependant mes gens, inquiets, m'appelaient de tous côtés ; je me gardais bien de répondre, et, convaincus par mon silence que j'avais péri, ils redoublent leurs cris. L'éléphant, effrayé, veut rebrousser chemin, et franchit une seconde fois le tronc d'arbre à six pas au-dessus de moi sans m'avoir aperçu.

» Me relevant d'un bond, échauffé par l'impatience et désireux de donner signe de vie à mes Hottentots, je lui envoie un coup de feu dans la cuisse. Il disparaît à mes regards, laissant après lui une longue traînée de sang. La nuit qui tombait nous empêcha de le poursuivre.

» .... Dès le lendemain, nous quittâmes ce délicieux et fertile pays d'Auténiquoi, pour entrer dans le *Lange-Kloof* (*vallée longue*), pays triste, tourmenté et infertile, que je quittai le plus tôt possible en refranchissant la chaîne d'abruptes montagnes que nous avions déjà traversées.

» Nous gagnâmes ainsi le *Zondags*, fleuve qui prend sa source dans de hautes montagnes toujours couvertes de neige, ce qui les a fait nommer *montagnes de neige*. Je les avais au nord, sur ma gauche.

» Le fleuve, grossi par différentes petites rivières qui se joignent à lui, va se jeter dans la mer à une dizaine de lieues de l'endroit où j'étais.

» Nous gagnâmes ensuite les bords du *Groote-visch-rivier*, ou *rivière des poissons*. Ce fut en les côtoyant que j'aperçus le premier kraâl de Cafres que j'eusse encore rencontré. Ce kraâl était vide et abandonné ; mais il nous faisait espérer que nous ne tarderions pas à en trouver quelque autre, et cet espoir ranima tout mon courage.

» Ce fut là encore que je vis et tirai mon premier hippopotame.

» Nous arrivâmes, sans autre aventure qui mérite la peine d'être racontée, à une horde de Gonaquois, où j'eus occasion d'expérimenter que la vanité des femmes et leur passion pour les ornements de la parure sont partout les mêmes. J'y fis une grande distribution de verroteries, et y acquis une popularité merveilleuse.

» Les hommes firent le meilleur accueil à ma quincaillerie, et toute la horde se mit en liesse pour fêter mon séjour.

» Pendant les trente-six heures que je passai au milieu d'eux, j'eus le temps de faire un certain nombre d'observations qui devaient m'être infiniment utiles, particulièrement sur leur manière de parler. J'avais remarqué qu'ils clapent la langue comme les autres Hottentots ; avec un *idiome semblable*, ils avaient cependant des finales que mes gens et moi ne comprenions pas toujours.

» Ils différaient de ceux qui m'accompagnaient par la teinte de leur peau qui est plus foncée, par leur nez moins camus, leur taille plus haute, mieux prononcée ; en un mot, par un air et des façons plus nobles.

» Lorsqu'ils abordent quelqu'un, ils présentent la main en

disant : *tabé* (*je vous salue*). Ce mot et cette cérémonie, qui sont en usage chez tous les Cafres, n'ont point lieu chez les Hottentots proprement dits.

» Cette affinité d'usages, de mœurs et même de conformation ; le voisinage de la grande Cafrerie et les éclaircissements que j'ai reçus par la suite, m'ont convaincu que les hordes de Gonaquois, qui tiennent également du Cafre et du Hottentot, ne peuvent être que le produit de ces deux nations qui se seront antérieurement mêlées.

» Après avoir visité la Terre de Natal et la Cafrerie, je revins au Cap, afin d'y prendre les dispositions nécessaires pour le grand voyage que je projetais de faire dans l'intérieur de l'Afrique, » voyage dont la relation doit former la partie principale du présent volume.

FRANÇOIS LE VAILLANT

DEUXIÈME PARTIE

Voyage aux pays des grands et des petits Namaquois.

A peine de retour au Cap, déjà je méditais un autre voyage. Seize mois de chasses et de courses continuelles dans l'intérieur de l'Afrique méridionale n'avaient pu ralentir mon zèle, ni combler tous mes souhaits. Cette passion, toujours plus impérieuse d'augmenter mes connaissances en histoire naturelle, s'alimentait de la multitude même de celles que je venais d'amasser. Toutes mes pensées, toute mon activité se concentrèrent sur un même point : préparer au plus vite mes nouvelles expéditions.

J'ai exposé les motifs qui, pendant mon premier voyage, m'avaient déterminé invinciblement à m'éloigner des établissements de la colonie et à éviter tout commerce avec les colons.

Cependant, comme il entrait dans mon plan général de visiter la colonie proprement dite et d'étudier l'humeur de ces hommes moitié sauvages, moitié policés, je ne pus me défendre d'en courir les hasards. Seulement je pris des précautions toutes spéciales, et ne m'associai que des Hottentots dont je n'avais rien à craindre et que je pouvais renvoyer dans la suite. Elle était en quelque sorte l'encadrement du grand tableau que je m'étais promis d'esquisser.

C'était peu d'avoir fait quelques promenades, pendant mon séjour au Cap, dans les habitations voisines de cette ville; il fallait pénétrer plus avant, parcourir le gros de la colonie dans tous les sens, et en lever, si c'était possible, un plan topographique.

Un rayon de quarante à cinquante lieues de pays à visiter ne m'éloignait pas assez du Cap pour m'empêcher d'y revenir dès que je le désirerais, et nulle autre occupation, en ce moment, ne me semblait mieux faite pour me dédommager des lenteurs des préparatifs de mon voyage dans le désert.

Je pris ma route par la Hollande hottentote; de là je me proposais de parcourir tous les points de la colonie jusqu'aux *Vingt-quatre-Rivières*, et de revenir ensuite au Cap par le *Zwart-Land*.

Je n'entrerai dans aucun détail trop étendu sur les productions des diverses contrées, sur la culture et beaucoup d'autres objets que j'ai déjà traités; mais je dirai quelques mots des hommes et de leur manière de vivre.

C'est ici le lieu de raconter comment se sont faites les concessions de terrains dans cette contrée, et quel est l'usage qui s'observe encore maintenant (à la fin du dernier siècle). Je dois cette recherche au hasard qui me porta un jour dans le Rooye-Zand (colonie du sable rouge).

J'entrais vers midi dans une habitation; l'excès de la chaleur et la fatigue qu'elle m'avait causée, m'invitaient au repos; je comptais m'y arrêter jusqu'au soir. Une jeune fille était seule dans l'habitation. Après l'avoir saluée, je lui exprimai mon étonnement que ses parents se fussent ainsi absentés au moment où les rayons du soleil sont réellement insupportables.

« Ce matin, me répondit-elle, nous avons reçu l'avis que quelqu'un a planté un *baaken* (piquet) sur notre territoire. Cette nouvelle nous a fort alarmés, et mes parents sont partis sur-le-champ pour aller s'en assurer par eux-mêmes. »

Comme je ne concevais pas ce qu'un piquet fiché en terre pouvait avoir d'alarmant, je répliquai en riant que si un passant avait planté ce piquet, il était tout aussi aisé à un autre passant de l'enlever, et que j'aurais été tout disposé à le faire, afin d'éviter à la famille de se déranger.

La jeune fille me répondit que c'était une opération plus difficile que je ne semblais le croire ; et comme je demandais quelques explications, elle ajouta que si je voulais me reposer en attendant son père, celui-ci me raconterait la chose beaucoup mieux qu'elle ne pourrait le faire.

Les parents ne tardèrent pas à rentrer, et pendant que le père louait sa fille de m'avoir retenu et que la mère me prodiguait ses attentions obligeantes, je renouvelai ma question au sujet de ce fameux piquet.

« Il faut que vous sachiez, me dit mon hôte, qu'ici voir et posséder sont à peu près une même chose. Lorsqu'un habitant du Cap veut se procurer dans la colonie un emplacement quelconque, soit pour y placer des bestiaux, soit pour le défricher et le mettre en culture, il parcourt différents cantons pour chercher un terrain qui lui convienne. Quand il l'a trouvé, il y plante ce qu'on appelle un *baaken*, ce qui équivaut à une prise de possession officielle. Alors il retourne au Cap et sollicite du gouvernement une autorisation légale, laquelle ne se refuse jamais ; mais comme les concessions faites par la Compagnie ont d'ordinaire une lieue carrée, et que toute cette superficie ne peut pas être mise immédiatement en culture ni entourée de clôture formant limites, il arrive quelquefois que, soit par méprise, soit par mauvais vouloir, le *baaken* se trouve planté sur la propriété de quelqu'un, et que, dans l'enceinte de sa lieue carrée, il englobe quelques parties d'une propriété étrangère : dans ce cas, il faut, pour finir la querelle, une descente d'experts et une sentence du juge. Si la discussion est claire, l'affaire est promptement terminée ; mais pour peu qu'elle présente de difficultés, commence un procès qui devient un éternel sujet de discordes et de haine entre deux colons. Un autre mauvais côté de ces désolantes procédures, est que le propriétaire lésé pouvant rarement quitter ses travaux pour aller lui-même exposer son affaire et plaider sa cause, qu'il entend assurément mieux que personne, l'avocat qu'il est obligé d'employer et qui la plupart du temps n'a pas même vu les lieux, l'explique comme il peut. Le magistrat, qui n'est pas mieux instruit, le juge comme il l'entend.... C'est ainsi que les contestations les plus simples entraînent souvent la ruine des familles et ne sont profitables à personne, si ce n'est aux hommes de loi. »

Ce récit m'impressionna tristement, et je me demandai quelle prospérité réelle, quelle stabilité pour l'avenir pouvait offrir une colonisation ainsi basée sur l'injustice et le caprice.

Il y avait entre cette façon sommaire d'agir et le bon sens des Hollandais, leur honnêteté traditionnelle, une contradiction qui me parut et qui me semble encore inexplicable.

Du Rooye-Zand, je passai dans le canton des *Vingt-quatre-Rivières*, le plus agréable sans contredit dans toutes les colonies hollandaises; il doit son nom à la multitude de ruisseaux dont il est arrosé. On juge aisément, à l'abondance de ses eaux, à quel point ce canton est productif et riant. Les Vingt-quatre-Rivières méritent le nom qu'on leur a donné d'*Eden de l'Afrique*. On s'y promène dans des bosquets d'orangers, de citronniers, de pamplemousses; le parfum des fleurs attaque délicieusement l'odorat, une ombre légère invite au repos, à la rêverie, à la méditation.

Tout ce qui entoure ces jardins enchantés ajoute encore au prestige; le regard se promène au loin sur un horizon magnifique; une enceinte de collines embellit et anime ces plans divers que terminent de hautes montagnes dont la tête va se perdre dans les nues. Dans ce site enchanteur, on rencontre sous ses pas tout ce qui sert aux douceurs et aux besoins de la vie. Les habitations y sont plus rapprochées que sur aucun autre point de la colonie; elles s'y amassent insensiblement, et je ne désespère pas qu'elles n'offrent bientôt le spectacle d'une seconde ville dans la colonie et ne deviennent un jour la terre la plus riche et la plus peuplée des environs du Cap.

.... On peut diviser les colons du Cap en trois classes :

ceux qui habitent dans le voisinage du Cap jusqu'à une distance de cinq à six lieues ; ceux qui sont plus éloignés et qui vivent dans l'intérieur des terres; enfin ceux qui, plus reculés encore, se trouvent à l'extrémité, sur les frontières de la colonie, parmi les Hottentots.

Les premiers, possesseurs de propriétés opulentes ou de jolies maisons de campagne, peuvent être assimilés à ce que nous appelions autrefois de petits seigneurs terriens, et diffèrent beaucoup des autres colons par leur aisance, par leur luxe et surtout par leurs manières, qui sont hautaines et dédaigneuses ; ici, tout le mal provient de leurs richesses.

Les seconds, simples, hospitaliers, très bons, sont des cultivateurs qui vivent du fruit de leur travail ; ici, le bien résulte de la médiocrité.

Les derniers, assez misérables et trop paresseux pour arracher leur subsistance à la terre, ont pour toutes ressources le produit de quelques bestiaux qui se nourrissent comme ils peuvent. Semblables aux Arabes bédouins, ils croient faire beaucoup quand ils les promènent de pâturage en pâturage, de canton en canton. Cette vie errante les empêche de se construire des habitations fixes.

Quand leurs troupeaux les obligent à rester quelque temps dans un lieu particulier, ils se construisent à la hâte une hutte grossière qu'ils couvrent de nattes à la manière des Hottentots, dont ils ont adopté les usages, et dont ils ne diffèrent plus aujourd'hui que par la couleur et les traits du visage. Le malaise, pour ceux-ci, naît de ce qu'ils n'appartiennent à aucune situation précise de la vie sociale.

Ces nomades fainéants sont généralement en horreur à leurs laborieux voisins, qui, redoutant leur approche, s'en éloignent le plus qu'ils peuvent, parce que, n'ayant pas de propriétés, ils violent sans scrupule celles des autres, et que quand leurs bestiaux manquent de pâturages, ils les conduisent furtivement sur le premier terrain cultivé qui est à leur portée; ils restent là jusqu'à ce que tout soit dévoré. S'aperçoit-on du délit, alors commencent des querelles, des disputes et enfin des procès qui finissent toujours par faire trois ennemis, du voleur, du volé et du juge.

Après avoir quitté le canton des Vingt-quatre-Rivières, je parcourus tour à tour le *Stelm-Bosch*, le *Fransche-Hoeck*, toute la *Hollande hottentote*, le *Draaken-Steyn*, le *Bocke* et le *Zwart-Land*.

Ces différents pays ne m'offrirent aucun détail bien intéressant, à l'exception des sites, qui tous cependant le cédaient en beauté à ceux des Vingt-quatre-Rivières.

Quant aux mœurs, elles peuvent se dépeindre toutes, à quelques nuances près, par ces quatre paroles : beaucoup de monotonie, de simplicité, de paresse et d'impassibilité.

Je revins au Cap; les nouvelles d'Europe que j'attendais avant d'entreprendre ma nouvelle grande expédition n'étaient pas arrivées. Je pris patience quelque temps ; puis, pour me distraire et surtout pour distraire un de mes meilleurs amis qui venait d'être gravement malade, j'entrepris quelques excursions dont une surtout me semble de nature à intéresser le lecteur : l'excursion de la montagne de la *Table*.

Vue dans l'éloignement et à une certaine distance, la montagne paraît se terminer en plateau, et c'est ce qui lui a valu le nom de Table, que lui ont donné les voyageurs et les marins. Cependant, il s'en faut de beaucoup que son sommet soit une plaine; sillonné dans toute sa surface par d'énormes cavités, il est hérissé en même temps de proéminences, de hauts rochers qui, par leurs élévations et leurs éboulements, attestent combien l'action des météores lui a fait perdre de sa forme primitive. Sa face la plus longue est celle qui regarde la ville.

Ne m'étant pas muni des instruments nécessaires, il m'était difficile d'en mesurer exactement l'étendue ; je le tentai néanmoins en le parcourant plusieurs fois à pied, et chaque fois, je vis que pour aller de l'extrémité est à l'opposé ouest, il me fallait près de vingt minutes ; ce qui annonce une longueur d'un quart de lieue au moins.

Pendant que je m'occupais de mon arpentage, ma bonne fortune me rendit témoin d'un phénomène intéressant que les curieux ont cherché à observer sur la montagne, mais qui ne s'offre pas toujours avec la même pompe aux regards des observateurs : c'était la formation d'un de ces orages du sud-est, produits par l'amoncellement des nuages au sommet de la Table, qu'on appelle vulgairement la *perruque*.

Cet orage s'annonça par une traînée de brouillards que nous vîmes balayer la surface de la mer; il s'avançait vers nous en passant par-dessus la baie False. Son approche faisait pressentir une des tempêtes les plus terribles ; ce qui ne m'empêchait point de m'applaudir de voir et d'étudier à cette hauteur le développement d'un aussi brillant spectacle, au risque de quelques inconvénients qui ne pouvaient entrer en balance avec l'avantage que j'allais retirer de mes observations. Aussi, sans désemparer, fis-je dresser une tente vers l'est, et le plus près possible de la partie de la montagne qui, déjà séparée de la Table par l'action progressive et continue des éboulements, des pluies et des vents, prend le nom particulier de *Diable* et tend de plus en plus à s'isoler de cette grande masse.

La traînée, en s'avançant, couvrit bientôt toute la vallée de False-baie jusqu'au pied des montagnes, et finit par nous dérober entièrement la vue du charmant paysage de Constance (1), de Nieuwland et du Ronde-Bosch ; puis, grossissant à vue d'œil, elle gagna la hauteur de la Table, et s'accrut au point que non seulement elle couvrit la partie du terrain qui nous séparait du Diable, mais encore nous enveloppa nous-mêmes de toutes parts.

Cette brume était si dense qu'on ne pouvait rien distinguer à un pied de soi. Du reste, l'atmosphère, malgré ce grand mouvement de vapeur, ne semblait point troublée. Je ne sentais pas un souffle de vent; en revanche, mes habits s'humectaient insensiblement.

J'avais eu déjà plusieurs fois l'occasion de remarquer que lorsque ces nuages se répandaient sur la Table, ils n'en cou-

(1) Où se cultive le raisin qui donne le vin fameux du même nom.

vraient que la partie orientale, tandis que l'occidentale restait intacte.

Je savais encore que souvent dans les temps brumeux un colon qui part de la ville pour se rendre à la baie False, peut choisir à son gré, ou de marcher par un soleil brûlant en prenant par l'ouest, ou de s'exposer à une pluie continue en prenant par le côté opposé.

Or, maintenant que je me trouvais sur la montagne au moment où le nuage s'appesantissait sur elle, je pouvais aisément m'assurer quelle partie était couverte, quelle autre ne l'était pas, puisque, me trouvant dans le nuage même, je n'avais qu'à marcher jusqu'au moment où j'en sortirais.

C'est ce que je fis en m'avançant vers l'ouest du plateau. A peine fus-je à mi-chemin de ce plateau, que je me trouvais sous un ciel très serein et exposé aux rayons d'un soleil ardent.

Alors s'offrit à mes regards le plus bel horizon que j'aie jamais contemplé. Je distinguais toutes les habitations qui parent les montagnes du *Tigre*, le *Blauw-Berg*, le *Groene-Kloof* et le *Piquet-Berg* ; la ville se trouvait perpendiculairement sous mes pieds. Lorsque, avec ma lunette, je me mis à considérer les girouettes des maisons, je m'aperçus qu'elles étaient tournées en tous sens ; ce qui annonçait que le plus grand vent y régnait, ainsi que sur la montagne où il n'y avait plus le moindre mouvement dans les airs.

La baie étalait un spectacle plus étonnant encore. Sa partie nord éprouvait une rafale très violente, qui ne s'étendait point à la partie sud. De ce contraste frappant, je dirai même incroyable dans un espace si peu étendu, il résultait entre l'une et l'autre une très grande différence dans la couleur des eaux. Ce double effet me paraissait magique.

Voici comment je concluai : le vent qui avait pris naissance à la surface de la mer des Indes, soufflant avec violence, entrait par la baie False, communiquait seulement à la baie de la Table par le défilé qui sépare les deux baies, et suivait sa direction dans la partie nord de la rade, tandis que le détour que forment les montagnes du côté du Cap et au Cap même y amortissait la plus grande partie de sa force.

Ce n'est donc que l'amas des nuages du sud-est qui s'entasse sur la Table et de là se précipite sur la ville, qui y occasionne ces fameux coups de vent, en même temps si incommodes et insalubres aux habitants du Cap. La même chose a lieu dans l'intérieur de l'Afrique, partout où de grandes hauteurs opposent une barrière à ce vent impétueux.

.... Du pied de la Table à la pointe d'Afrique, on ne compte que huit lieues par la route ordinaire. Par les détours que je fis lorsque, à la suite de mon ascension et après une nuit passée sur la montagne où je fus, en dépit de toutes mes précautions, si bien pénétré d'humidité que moi, mes gens, ma tente et tout ce qu'elle contenait, nous semblions sortir d'un bain, j'en fis bien une trentaine; mais je n'éprouvai aucun encombre, et j'arrivai enfin à ce promontoire redoutable, le plus célèbre et le plus orageux de tous ceux de l'ancien monde.

Ainsi placé dans le lieu de l'univers le plus favorable peut-être aux grands spectacles de la nature, j'avais à ma droite l'Atlantique, à ma gauche la mer des Indes, et devant moi celle du Sud, qui, venant avec fracas se briser à mes pieds, semblait vouloir attaquer la chaîne de montagnes et engloutir l'Afrique entière.

Pour rendre plus magnifique encore l'effet sublime de ce tableau, je n'avais qu'un vœu à former, celui d'être témoin d'une de ces tourmentes qui firent donner au promontoire sa première dénomination.

Pendant quelques heures, j'en eus l'espoir, mais bientôt mon attente fut trompée. Le vent tomba et l'air redevint si calme et si pur qu'à l'extrémité orientale de la baie False, je distinguais clairement ce fameux cap des Aiguilles qui, lorsque des pilotes ont le malheur de se tromper dans le calcul de leur longitude, les expose à un naufrage certain, et où vinrent échouer, entre autres, les ambassadeurs envoyés par le roi de Siam au roi de Portugal.

De retour au Cap, je me laissai persuader de retarder encore de quelques mois, c'est-à-dire jusqu'en mai, mon départ, afin d'attendre la saison favorable. Nous étions en janvier, et je résolus de mettre ce temps à profit pour achever mes préparatifs.

A partir de ce moment, j'éprouvai de toutes parts des attentions et des bontés dont je resterai reconnaissant toute ma vie. Mes amis s'empressèrent à l'envi de m'offrir chacun quelque cadeau, soit pour mon approvisionnement, soit pour le complétement de mon équipage. Mme Gordon se réserva le privilège exclusif du sucre et des provisions de bouche qui m'étaient nécessaires, tandis que son mari, militaire jusque dans ses cadeaux, me pria d'accepter une canonnière neuve, et les services de l'armurier de son régiment pour remonter et remettre en état tous mes fusils.

Le capitaine du port commanda pour moi une très belle tente avec laquelle il remplaça la mienne qui était fort usée.

Le commandant de l'artillerie et les officiers de la garnison m'envoyèrent une quantité considérable de poudre.... Je me crus honoré des moindres cadeaux, et je me fis un devoir de les accepter tous. Mais parmi ceux de ce genre, je ne dois pas oublier d'en citer un que le colonel Gordon ajouta en plaisantant aux siens : c'étaient trois bonnets de grenadiers, dont les plaques en cuivre doré représentaient le lion couronné qui forme l'écusson de la Hollande.

Gordon savait que ces objets flatteraient infiniment quelques chefs de sauvages et m'attireraient la bienveillance des hordes dont je jugerais bon de parer ainsi le chef.

J'en ai fait usage, en effet, en divers lieux de l'Afrique intérieure, et j'ai eu lieu de regretter plus d'une fois de ne point m'être muni d'un plus grand nombre, de ces objets de curiosité et d'apparat, qui auraient singulièrement facilité mes rapports avec les sauvages.

En général — et les voyageurs qui veulent rendre leur expérience utile à leurs successeurs ne sauraient trop insister à cet égard, — en général, ce n'est guère qu'avec des amusettes qu'on se concilie l'amitié des hommes de la nature, et on ne saurait trop les leur prodiguer. Ce n'est ni par la crainte, ni surtout par des procédés violents qu'on parvient à les dominer ; on les effraie tant qu'on les tient sous sa dépendance ; mais à peine sont-ils hors d'atteinte que la haine et la trahison succèdent à la basse servilité qu'ils ont cru devoir affecter. Par de bons offices, au contraire, on gagne leur confiance ; il est alors facile de leur faire comprendre et apprécier ce qui est à leur avantage dans les rapports qu'on désire établir avec eux. Dès lors, le sentiment de leur propre intérêt, s'ajoutant à la tendance naturelle qu'ils ont à admirer les hommes d'Europe et à reconnaître leur supériorité, devient la garantie de leur sincérité et de leur fidélité.

Je n'avais pas attendu le moment de mon départ pour me pourvoir des marchandises d'échange qui, dans ma route, pouvaient me devenir avantageuses ou nécessaires. Chaque fois qu'un navire avait apporté au Cap quelques quincailleries, je m'en étais procuré un assortiment. Mes provisions de plomb, de tabac, de verroteries, de clous et surtout de couteaux et de boîtes à amadou étaient faites, et comme mon voyage devait durer plus que le premier, je les avais plus que doublées.

Ma batterie de cuisine m'ayant précédemment suffi, je ne crus pas devoir y rien ajouter. Seulement je changeai une partie de ma porcelaine contre quelques pièces en étain d'Angleterre. Je me souvenais de l'accident qu'avait éprouvé la mienne quand la charrette qui la portait avait culbuté dans la rivière. Ces sortes de commodités sont peu de chose en elles-mêmes ; mais quand l'habitude les a rendues nécessaires, on ne se voit pas sans humeur dans l'impossibilité d'y suppléer.

Je ne dois pas oublier de mentionner des objets moins importants, mais tout aussi utiles, sinon même indispensables, et dont je fis ample provision : des aiguilles, des épingles, des étuis, quelques pièces de ruban, plusieurs douzaines de mouchoirs, imprimés, notamment ceux de couleurs voyantes, sur fonds bleus, rouges ou jaunes; tous ces articles, que les femmes des colons, placées aux limites des parties civilisées du pays, demandent sans cesse aux voyageurs, sont nécessaires pour gagner leur bienveillance.

J'emportais aussi, mais fort mal à propos, une caisse remplie de serrures et de cadenas; je croyais avec ces objets rendre service à quelque habitant de l'intérieur, je me trompais. Trouvant partout l'habitude plus forte que le besoin de sécurité, je ne plaçai dans tout mon voyage qu'une serrure; encore suis-je persuadé que le colon de Namero à qui je la donnai, ne l'accepta que pour ne pas me désobliger. Je ne sais trop, en effet, où il aurait pu la poser, puisque sa maison n'avait que deux ouvertures dont l'une qui servait de porte était bouchée, la nuit seulement, avec une peau de bœuf, et l'autre, tenant lieu de fenêtre, se fermait avec le fond d'un vieux tonneau.

Sachant combien le tabac en poudre était recherché par les femmes, je m'en munis de plusieurs livres.

Quelque minutieux que puissent paraître ces détails, l'utilité dont ils pourront être pour d'autres voyageurs qui entreprendraient les mêmes courses m'a fait une loi de ne pas les passer sous silence.

. . . .

Des Hottentots qui m'avaient suivi dans mon premier voyage, il n'y en avait que huit dont j'eusse été complètement satisfait, et il n'y eut que ces huit que je voulus conserver et que je fis avertir. Je leur en adjoignis quelques-uns de nouveaux, plus mon fidèle Swanepoel et deux bons tireurs de ses amis dont il répondait.

Plusieurs Européens s'offrirent à m'accompagner; je déclinai absolument toutes ces offres, et j'eus lieu plus tard de m'en applaudir.

« Nous n'accompagnerons pas Le Vaillant dans sa route à travers les colonies, nous nous bornerons à aller le rejoindre sur les limites extrêmes des terres ayant reçu des habitants européens. Nous lui emprunterons toutefois auparavant quelques réflexions fort judicieuses sur les différences qui existent entre la chasse en pays civilisés et la chasse dans les solitudes africaines. Par la même occasion, nous ferons connaissance avec un de ses meilleurs tireurs, Jonker, qui devint un des plus fidèles et des plus dévoués compagnons de notre voyageur. »

Il n'en est pas de la chasse en Afrique comme en Europe ; là le talent du chasseur ne consiste point, comme ici, à avoir seulement la main sûre et le coup d'œil juste. Avec cette qualité, il doit encore en posséder d'autres plus essentielles, et sans lesquelles celles-ci deviendraient presque inutiles contre les rusées gazelles du désert. Il faut une excellente vue pour découvrir le gibier dans le plus grand éloignement, afin de l'apercevoir avant d'en avoir été vu, et mettre beaucoup d'intelligence pour le leurrer, lui donner le change, et surtout posséder un corps souple capable de se prêter à toutes sortes de positions, pour ramper patiemment à de longues distances, afin d'arriver à sa portée sans être découvert.

Voilà ce qui est spécialement nécessaire aux bons chasseurs africains et ce qui leur donne cette rare qualité si appréciée par les colons et les Hottentots, qui les distinguent par le nom de *wild-bekruiper* (rampeur de gibier).

Tel bon *bekruiper*, quoique ne sachant pas tirer aussi bien qu'un autre chasseur qui ne posséderait pas son talent, ne laissera pas cependant que de tuer plus de gibier que lui, attendu que par son adresse il saura s'approcher si près d'un animal quelconque qu'il serait impossible même au tireur le plus maladroit de le manquer.

Les Boshjesman passent pour être les meilleurs *bekruipers*; mais j'ai été à même d'admirer maintes fois la même agilité dans Jonker.

Sa vue était si perçante que souvent, et à une distance énorme, il distinguait une gazelle couchée qu'avec ma lunette je n'apercevais pas.

Il n'y avait dans toute ma caravane que mon singe Kées qui eût l'œil aussi perçant.

L'animal sauvage a le sens de la vue très parfait, parce qu'ayant sans cesse, par le genre de vie qu'il mène, de grandes distances à parcourir, il le fortifie encore par l'exercice et le besoin toujours renaissant de mesurer ou d'apprécier les distances ; l'homme sauvage l'a, par la même raison, très développé, et si l'homme des nations civilisées le possède à un degré moins subtil, c'est que, ses perspectives étant presque toujours plus rapprochées, il a beaucoup moins d'occasions de le développer : tout ce qui l'entoure, comme soieries, dorures, lumières multipliées, objets de luxe, couleurs tranchantes, etc., fatiguent en pure perte sa vue sans l'étendre. Joignez à cela des professions qui exigent une forte contension d'organes, des écritures fréquentes, des lectures presque continues, l'abus étrange de plaisirs, et vous conviendrez que tout, chez lui, doit altérer de bonne heure un sens, contrarié sans cesse sans que jamais rien le perfectionne.

Pourquoi les chasseurs, les campagnards et surtout les habitants des montagnes ont-ils généralement la vue meilleure que les habitants des villes ? On en voit évidemment la raison.

S'il peut m'être permis de me citer pour exemple, je dirai qu'avant d'arriver en Afrique, ma vue était si faible que pour lire ou écrire j'étais obligé d'appliquer l'œil contre le livre ou le papier dont je me servais.

Depuis que j'ai passé plusieurs années en plein air, courant par monts et par vaux, franchissant de vastes déserts, elle s'est considérablement fortifiée ; actuellement je vois aussi loin qu'un autre.

« Les débuts de l'expédition ne furent point heureux ; des chemins impraticables, des troupeaux plus que décimés, l'effroyable souffrance de la faim et de la soif, tels furent les cruels incidents qui en marquèrent presque chaque étape.

» Enfin les voyageurs aperçoivent un troupeau devant eux

dans la plaine ; retrouvant toute leur ardeur, ils hâtent leur marche ; mais plus prompt qu'eux, le troupeau quitte son paccage et disparaît dans la montagne.

» Ont-ils été le jouet d'une fausse espérance ? Ce secours qu'ils ont cru entrevoir leur fera-t-il défaut ?

» Non, deux hommes, un mulâtre de très bonne mine et un autre de moindre apparence, se dirigent vers eux. »

Le premier, continue Le Vaillant, était Klaas Baster ; l'autre se nommait Piet. Ils étaient frères. Tous deux m'abordèrent avec franchise et me prirent la main à la hollandaise. Ils en avaient la façon et parlaient très bien cette langue. Je leur remis la lettre du colonel ; mais ici leur science fut en défaut : ni l'un ni l'autre ne savaient lire. La lettre me fut aussitôt rendue que reçue.

Gordon leur écrivait de m'obliger autant qu'il dépendrait d'eux ; mais, n'ayant pas prévu la détresse où je me trouvais, il n'avait pu spécifier les sortes de services dont j'aurais besoin. Il me fut aisé de suppléer à ce qu'il avait de vague et d'insignifiant : les yeux fixés sur le papier, je leur fis la longue énumération de mes besoins, et leur demandai, au nom de Gordon, tout ce que celui-ci aurait pu réclamer réellement à tout hasard pour moi.

Aux motifs d'intérêt que devait produire cette recommandation puissante, j'essayai d'en ajouter d'autres, et en avançant vers le kraâl, je racontai aux deux frères tout ce que nous avions éprouvé de désastres depuis notre départ de la rivière des Éléphants : le désespoir où, jusqu'au moment de l'orage, nous avait réduits le manque d'eau ; enfin, la triste suite d'affligeantes aventures qui m'avaient forcé d'abandonner mes trois chariots, et de laisser mon monde et mes équipages épars sur la route....

Les deux frères paraissaient s'intéresser vivement à mes malheurs. Ils en avaient écouté le récit avec attention et sans m'interrompre. Mais arrivés près du kraâl, l'aîné rompit tout à coup le silence, et, frappant la terre avec son pied,

« Tranquillisez-vous, s'écria-t-il ; d'ici à peu de jours vos trois chariots arriveront avec tout votre monde. »

Quelque agréable que me fût cette assurance, je ne l'accueillis pas sans réserve ; il me semblait difficile que mes chariots pussent arriver aux montagnes fort élevées au-dessus de la plaine où nous étions.

Arrivés à la hutte de Klaas, ce jeune homme m'y offrit la plus cordiale hospitalité et me renouvela sa promesse.

Il ne pouvait commencer à les exécuter, me dit-il, parce que son troupeau était à la pâture ; mais aussitôt son retour, son frère partirait avec tous leurs bœufs et le nombre d'hommes nécessaires pour aller au secours de Swanepoel et de ses quatre compagnons, et les ramener.

Dès le lendemain, en effet, la caravane de secours partit, et je résolus d'utiliser mon séjour forcé au kraâl, pour entreprendre quelques chasses dans les environs. Malheureusement le gibier se bornait dans ces parages à une espèce de gazelles, appelées *kaimi* par les Hottentots, et *klip-springers* (*sauteurs de rochers*) par les Hollandais, espèce du reste fort intéressante et dont j'aurai à parler dans la suite ; à quelques *dassen* ou *damans*, et, aux limites de mes excursions, à quelques rares éléphants.

. . . .

J'étais arrivé à la horde le 23 juillet ; ma petite caravane n'avait pas tardé à m'y rejoindre. Nous étions au 10 août, et il me tardait fort de reprendre ma route. Toutefois, et quel que fût mon empressement à cet égard, j'avais cru ce séjour nécessaire pour le repos et le rétablissement de mes animaux.

Déjà mes chevaux avaient repris leur vigueur et leur courage ; des treize bœufs qu'avaient amenés mes gens, sept déjà étaient assez bien remis, mais il y en avait six de la convalescence desquels je désespérais. De tous les animaux bien fourbus, le bœuf, en effet, est celui chez qui le développement des forces vitales s'effectue avec le plus de lenteur.

Mes gens d'ailleurs, très satisfaits de la vie aisée et tranquille qu'ils menaient, m'exhortaient à la patience, me promettant monts et merveilles de l'action du temps sur mes pauvres bêtes malades.

Mais tout ce que je possède de cette vertu était pour le moment épuisé, et je me décidai à poursuivre ma route en dépit d'un assez fort ébranlement de ma santé.

Baster, qui, en ce moment, défrichait un vaste terrain nécessaire à l'entretien de sa horde, n'avait pu, et encore en s'imposant un véritable sacrifice, me céder qu'un seul attelage de bœufs; mais il m'avait indiqué où je pourrais m'en procurer, et où, en effet, j'en obtins un certain nombre à des conditions favorables.

J'avais un autre désir : emmener avec moi Klaas, dont le caractère, l'intelligence et le prompt attachement qui s'était formé entre nous, faisaient le plus utile et le plus sûr compagnon que je pusse désirer. De plus, le but de mon voyage était l'étude des mœurs et du pays des grands et des petits Namaquois, et je savais qu'il était en rapports d'affaires et d'amitié avec le premier de ces deux peuples.

La difficulté était de le déterminer à me suivre. Quelques insinuations que je hasardai à ce sujet restèrent sans résultat : Klaas feignit de ne pas comprendre.

J'eus alors l'idée de gagner à mon projet les femmes de sa famille, c'est-à-dire sa sœur, sa belle-sœur et sa femme. Quelques petits cadeaux, joints à la grande amitié qu'elles avaient prise pour moi et à la perspective des avantages de toutes sortes qui résulteraient pour Klaas et pour la horde entière d'un voyage fait avec moi et sous mes auspices, les amenèrent facilement à user à mon profit de leur influence.

Nos conditions furent bientôt arrêtées : c'étaient quatre rixdales par mois, du tabac à discrétion, suffisamment de quincaillerie pour lui permettre d'acheter quelques bœufs chez les grands Namaquois et, enfin, qu'au retour je le ramènerais à sa horde.

Je promis, en plus, de recommander la horde au gouverneur de la colonie, et d'obtenir pour elle la liberté du port d'armes, défendu à tous les Hottentots, et qui était nécessaire à ceux-ci, non seulement contre les attaques et les incursions des Boshjesman, mais encore pour se garantir des vexations de leurs pareils, qui les avaient plusieurs fois déjà molestés et dépouillés.

.... Rien ne me retenait plus dans la horde, à qui je fis don de dix livres de poudre, du plomb à proportion, et d'un fusil pour se défendre pendant l'absence du frère aîné ; j'offris de plus, à chacun, un cadeau personnel, sans oublier, bien entendu, les femmes, et j'ordonnai les préparatifs du départ.

Nous nous mîmes en marche le 10 août. Le manque d'eau et la rencontre de Pinard dont je rejoignis le chariot, marquèrent tristement pour moi les premières étapes.

Cette contrainte augmenta, comme on peut le penser, quand je m'aperçus des habitudes d'ivresse de mon compagnon forcé. Bientôt je découvris pis encore ; il cherchait à débaucher mes Hottentots. Dans quel but ? Avais-je à faire à quelqu'un de ces rôdeurs du désert qui font le commerce à coups de fusil ? Tout me le faisait craindre, lorsque un grave accident arrivé à Swanepoel, par suite de son entêtement à m'imposer sa société et à vouloir conduire mon chariot, bien qu'ivre, aggrava la situation. Ayant glissé du siège, il était tombé sous les roues dont une lui avait passé en sautoir sur le corps.

Je le fis coucher sur mon propre matelas dans mon chariot, et nous le soignâmes de notre mieux, jusqu'à ce qu'enfin, ayant trouvé un mince filet d'eau pour abreuver mes bêtes et étancher notre soif, nous pûmes faire halte.

Le blessé était dans un si triste état, qu'il me suppliait à mains jointes de lui brûler la cervelle. On conçoit que je refusai d'avoir recours à ce moyen beaucoup trop radical de mettre fin à ses souffrances.

Il eut alors recours à un autre remède : l'eau-de-vie, que Pinard lui remit en cachette et contre ma sévère défense.

Ce qu'il lui eût fallu, c'était du repos ; mais la chose n'était pas possible, en ce moment du moins où se faisait sentir l'absolue nécessité, pour lui aussi bien que pour nous, de marcher à la recherche d'un cours d'eau assez considérable pour suffire à nos besoins.

…. Nous nous remîmes donc en route. Swanepoel continuait à souffrir comme un enragé ; il désirait avoir du sang de rhinocéros, remède qui, je ne sais pourquoi, est également en usage chez les colons et chez les sauvages. On le croit excellent pour les luxations, fractures et généralement toutes les maladies internes ; mais on ne tue pas des rhinocéros quand on le veut.

A défaut de sang, le malade avalait force rasades d'eau-de-vie, qui, au dire de Pinard, pouvait seule le guérir. Pour moi, qui m'étais imaginé qu'après son accident il prendrait pour le reste de ses jours l'eau-de-vie en horreur, j'étais étonné de le voir se livrer à cette effroyable intempérance.

Comment me débarrasser de Pinard, qui l'y poussait, et qui était parvenu à faire boire Klaas lui-même ?

…. Mes bœufs étaient exténués ; nous avions à gravir les cimes du Namero, que je voulais traverser. Quelques Hottentots, que nous avions rencontrés, nous assurèrent que nous n'y parviendrions pas sans attelages de renforts. « Mais, ajoutèrent-ils, à quelque distance dans la montagne, est l'habitation de Van der Westhuysen ; sûrement il ne vous refusera pas des relais. »

Ce nom de Van der Westhuysen fit pâlir Klaas ; c'était celui de son père, et la proximité de sa demeure n'était pas sans danger.

Il fallait cependant avoir recours à lui. Je m'y rendis moi-même. La famille avait entendu parler de moi. Pinard, qui avait pris les devants, m'ayant d'ailleurs annoncé, l'accueil que je reçus fut excellent. Mme Van der Westhuysen, belle-mère et ennemie jurée des Baster, qui était, disait-elle, provençale d'origine, me reçut en compatriote et m'honora de quelques phrases dans un baragouin inintelligible qu'elle prétendait être du français. On me fit fête, on convoqua même un beau-frère nommé Engelbrecht, établi dans le voisinage, pour me mieux recevoir.

Je ne savais comment révéler la présence de Klaas dans ma troupe, lorsque cette question qui me fut adressée à brûle-pourpoint, « Comment pouvez-vous avoir avec vous un scélérat tel que Baster ? » me fit voir que le secret était éventé.

Je répondis brièvement et sèchement, de façon à faire comprendre que je tenais parti pour des enfants repoussés et maltraités. Le père gardait le silence, et je n'avais pas de peine à voir que son cœur parlait en faveur de ses enfants, et que la crainte seule que lui inspirait sa femme l'empêchait de faire appeler celui qui était si près de lui et de lui rouvrir les bras.

La fête, ou plutôt l'orgie, dura quatre jours entiers, dont je passai la majeure partie auprès de mes gens ; enfin, la société, lassée de boire, s'étant trouvée un peu rassise, j'entamai près de Van der Westhuysen et d'Engelbrecht le sujet qui m'avait retenu jusque-là : la cession d'un attelage par chacun des deux beaux-frères, aux conditions qui leur conviendraient.

Leur réponse fut négative ; ils n'avaient pas, m'assurèrent-ils, un seul bœuf à vendre, et en cela ils ne me trompaient point ; mais ils se faisaient fort de m'en procurer chez un colon du Camis, où le fils de la maison s'offrit obligeamment de m'accompagner.

Là, nous attendaient, en même temps qu'un bon accueil, de nouvelles fins de non-recevoir. Enfin cependant, je parvins à traiter l'acquisition de quatorze bœufs, que je soldai en lettres de change payables au Cap.

Mais ces quatorze bœufs ne formaient qu'un attelage, et j'en aurais bien voulu deux. Le froid qui règne dans la haute chaîne du Camis m'étant insupportable, j'envoyai mes gens traiter, dans une partie plus avancée de la montagne, de cette nouvelle acquisition.

Ils revinrent avec deux vaches et sept bœufs, qui, joints aux sept qui me restaient, aux quatorze que m'avaient vendus les Baster et au même nombre que je venais d'acheter moi-même, me formaient quarante-quatre bêtes d'attelage. Ce nombre, bien qu'insuffisant encore, me permettait d'avancer sans crainte.

En descendant des montagnes, et en débouchant dans la vallée qu'arrose la *Rivière-Verte*, nous aperçûmes une douzaine de zèbres qui, réunis au pied d'une roche qui les abritait, se chauffaient au soleil. Nous ne pouvions malheureusement les approcher d'assez près pour les tirer, qu'avec de grandes difficultés et une perte notable de temps. Je me donnai néanmoins le plaisir de tirer un coup de fusil. Il se produisit alors un fait singulier et curieux : l'explosion, après avoir retenti à nos côtés, alla frapper la roche, au pied de laquelle étaient les zèbres, et revint se répéter à nos oreilles.

Trompés par la répercussion du bruit, et croyant qu'il venait du haut de la montagne, les zèbres s'élancèrent de leur roche, et, cherchant à fuir par la vallée, accoururent au grand galop vers nous.

En nous apercevant, ils se détournèrent, firent un crochet, et, gagnant le côté opposé de la montagne, disparurent.

Une femelle, cependant, ou moins effarouchée ou trop fatiguée pour gravir la hauteur, abandonna la troupe, et, continuant à suivre la vallée, se laissa prendre au lasso.

Elle nous suivit d'abord assez tranquillement; mais, inquiétée bientôt par la vue de nos chiens, elle recula et se mit à cabrer de telle sorte, qu'elle empêchait mon cheval, à la queue duquel je l'avais attachée, d'avancer. Pour mettre fin à ce manège qui retardait notre marche, je résolus de la monter.

En vain mon compagnon et mes Hottentots cherchèrent-ils à me détourner de ce projet en me prédisant quelque malheur; le plus grand de ces malheurs, pensai-je, était d'être jeté à terre, et je n'étais pas homme à me laisser arrêter par la crainte d'une chute; d'autant que je tenais à m'assurer s'il était possible de subjuguer cet animal sauvage, que les savants ont si longtemps tenu pour indomptable, bien que les Africains prétendent qu'il soit propre à être monté.

Pour me garantir des morsures de la bête, on la musela; on

la détacha ensuite de mon cheval, et je sautai sur son dos. Sa résistance fut moindre que celle d'un cheval qui n'aurait pas encore été dressé. Bientôt même elle marcha aussi tranquillement que mon cheval, et je la conduisis ainsi, pendant plus d'une lieue, jusqu'à l'habitation du colon, chez lequel j'avais acheté mes premiers bœufs. Je n'osai la conserver dans ma caravane, parce que, blessée par mes chiens, tandis que nous la poursuivions, elle avait besoin d'être pansée. J'allais lui rendre la liberté, pensant que la nature se chargerait avec plus de succès que moi de sa guérison, lorsque les Hottentots du colon, chez lequel nous nous trouvions, me supplièrent de la leur abandonner. Voulant se régaler de sa chair qui, en effet, est très délicate et savoureuse, ils la tuèrent et la dépecèrent à l'instant.

Il est hors de doute que, sur la surface du globe, existe un bien plus grand nombre d'animaux destinés au service de l'homme que ceux qui ont été jusqu'ici soumis à l'état domestique. Dans ce nombre, je place sans hésiter le zèbre et le conagha qui, par leur légèreté, leur force, la beauté de leur robe, constituent une conquête aussi précieuse que brillante. Ceci a été déjà dit, mais je vais plus loin : j'ajoute que j'ai vu dans les déserts de l'Afrique une quantité prodigieuse d'acquisitions à faire, qui augmenteraient nos jouissances en diminuant nos travaux. Je suis convaincu qu'il serait facile de nous approprier les plus grands quadrupèdes, tels que le buffle, le kana, le pazan, le coudous, le buhale (1) et le tzesran. Combien les petites gazelles ne prospéreraient-elles pas dans nos climats méridionaux ! Il n'est pas jusqu'à certaines espèces de volatiles dont nous pourrions peupler nos basses-cours (2)....

.... Notre route nous obligea à côtoyer les bords de la

---

(1) A l'égard de ce quadrupède, la question a été résolue depuis longtemps sur les rivages du Tibre, et les immenses fardeaux qu'il y transporte sans fatigue, disent ce dont serait capable son congénère d'Afrique, lequel est plus grand et plus fort.

(2) On sait avec quels soins intelligents le Jardin d'acclimatation de Paris est entré dans cette voie, sinon de domestication proprement dite, ce qui offre des difficultés d'autant plus grandes que les animaux qui en sont l'objet sont plus éloignés de leur terre natale, mais au moins d'appropriation à nos divers climats. Sur plusieurs d'entre eux, le succès a déjà couronné ces efforts.

Rivière-Verte. La fraîcheur de cette vallée riante, les sinuosités qu'elle décrit, les points de vue qui se reproduisent à chaque pas sous des formes diverses charmaient mon imagination. Je foulais un tapis de verdure et de fleurs ; les coteaux environnants, chargés d'arbustes et de plantes brillantes, offraient à mes yeux autant d'abris que de bosquets délicieux : c'était un jardin dans le sein d'un désert. Parmi les familles nombreuses de fleurs et de plantes, que nous foulions sans cesse aux pieds, je remarquai surtout de nombreuses et magnifiques variétés de géraniums.

.... Mais, adieu, coteaux, géraniums et fleurs de toutes les espèces ; tapis de verdure, bords enchantés, douces rêveries, adieu! Nous allons rentrer dans les glaces.

Pour regagner le Namero, il nous fallait traverser encore une autre chaîne de montagnes couvertes de neige, et ainsi, en moins de huit heures de marche, nous avions successivement trois saisons, c'est-à-dire deux hivers pour un été. Ce changement subit de température nous donna à tous un enrouement qui ne se dissipa que plusieurs jours après notre retour chez Van der Westhuysen.

Je passai encore trois jours chez ces bonnes gens, et j'eus l'indicible joie de faire rentrer Klaas en grâce auprès de ses parents. Cette réconciliation est un des meilleurs souvenirs de mon voyage.

Ayant vu dans l'habitation un mauvais violon, dont personne ne savait se servir, je m'avisai d'en tirer quelques accords. Aussitôt tous les assistants de se mettre en branle. La danse est une passion si forte chez ces peuples, aussi bien colons que Hottentots et autres indigènes, qu'ils en oublient tous autres besoins, même celui du tabac et des liqueurs fortes, dont le goût ne leur revient que lorsqu'ils sont écrasés de fatigue.

A un certain moment, jaloux de témoigner ma reconnaissance à une famille qui m'avait rendu des services signalés, et qui allait m'en rendre encore, j'envoyai chercher dans mon chariot une cave remplie de flacons. Elle contenait des liqueurs de la veuve Anfous, de la Martinique, dites liqueurs des Iles. C'était une provision d'apparat que je réservais pour les grandes occasions, et je comptais m'attirer de grands remerciements en en offrant à mes hôtes. Je me trompais grandement : ils trouvèrent ces liqueurs trop douces et les repoussèrent.

Quant aux dames, après les avoir goûtées toutes, et assez largement, les unes après les autres, elles leur donnèrent la préférence sur les mauvaises eaux-de-vie du Cap, dont Pinard avait pourvu l'habitation, mais elles décidèrent à l'unanimité que les recettes et la fabrication de la veuve Anfous ne valaient rien pour la colonie.

Ces gosiers robustes, accoutumés depuis quelques jours à une boisson âcre et brûlante, se trouvèrent affadis par une boisson liquoreuse et sucrée. Les buveuses se plaignirent de maux de cœur et accablèrent des plus sincères malédictions le précieux contenu de mes flacons.

Très fâché de voir les derniers moments de mon séjour se terminer de façon à me faire perdre le fruit de mes trois jours de musique, j'imaginai de remédier au mal par un régal d'un genre plus épicé.

J'avais, parmi mes provisions, des citrons du Piquet-berg et d'excellentes eaux-de-vie de France; je fis du punch un peu raide, et *il fut trouvé divin*. La gaîté reparut, les maux de cœur se dissipèrent comme par enchantement, et la journée se termina, comme elle avait commencé, dans une allégresse générale.

Après une dernière station chez Engelbrecht, pendant laquelle je tirai une grande quantité de gelinottes, je repris ma route, au cours de laquelle j'eus occasion d'expérimenter par moi-même le venin nuisible que les sauvages tirent par incision de l'euphorbe et dont ils empoisonnent leurs armes.

Ce suc mortel est d'abord laiteux et blanc; mais bientôt il brunit, s'épaissit et forme une sorte d'électuaire, qui, en se concentrant de plus en plus, acquiert une vertu plus active et plus meurtrière.

C'est avec cette pâte que les chasseurs enduisent leurs flèches. L'expérience leur ayant appris que très rarement une flèche ordinaire suffit pour abattre une pièce de gros gibier, ils ont imaginé de l'arrêter subitement dans sa fuite en glaçant et coagulant son sang par l'effet prompt et subtil de ce poison infaillible.

Avec l'euphorbe encore, les indigènes empoisonnent certains étangs et petits réservoirs, de façon que les animaux qui y viennent boire y trouvent le germe de la mort, et comme ce poison a le grand avantage de ne communiquer ni goût désagréable, ni qualité nuisible à la chair de ses victimes, ils se procurent ainsi du gibier par un moyen aisé et rapide. Toutefois ce gibier n'est jamais abondant, les premiers animaux qui viennent boire s'y laissant seuls prendre; les autres, soit qu'ils aient plus de temps pour humer dans l'air quelque senteur dangereuse, soit que l'effet immédiat produit sur les buveurs attire leur attention et les mette sur leurs gardes, s'éloignent en toute hâte de l'abreuvoir.

J'en fis par moi-même l'expérience. Ayant empoisonné une mare de laquelle je vis s'approcher dans la journée plus de quatre mille *spring-bock*, je n'en trouvai le lendemain que trois de mortes, plus une hyène.

A deux lieues au delà de ce réservoir, entrant enfin dans le pays des petits Namaquois, nous aperçûmes quelques individus de cette peuplade, qui étaient occupés à garder des troupeaux, et qui, épouvantés à l'aspect de ma caravane, prirent la fuite.

Je piquai vers eux pour les rassurer et leur demander quelques renseignements. Ils m'apprirent qu'à une lieue plus loin je trouverais une horde de leur nation dans laquelle vivait une femme blanche, à qui appartenaient les troupeaux qu'ils gardaient.

Nous nous rendîmes au lieu indiqué, un kraâl composé d'une vingtaine de huttes. La femme blanche était debout devant la sienne. Elle avait comme les Namaquoises un vêtement de peau tannée, mais elle ne portait point comme elles le kross, ni le petit tablier.

Pinard, en passant, l'avait prévenue de mon arrivée; aussi me reçut-elle comme un hôte attendu. Elle m'introduisit dans sa hutte, qui n'était ni plus grande, ni plus ornée que les autres, et me raconta que son mari avait vécu dans cette horde dont il était devenu le chef, et qu'elle-même, à sa mort, ayant hérité de son autorité, avait continué à y vivre.

Et en effet, au ton dont elle donna ses ordres pour notre réception, je m'aperçus bientôt qu'elle était réellement dame et maîtresse. Ses enfants n'avaient, comme elle, que des peaux pour vêtements, et, sans leurs longs cheveux, je les aurais pris, à leur teint bruni par le soleil, pour des enfants Namaquois, et j'y eusse été d'autant plus autorisé qu'ils ne parlaient que la langue namaquoise.

Klaas Baster était le seul de ma caravane qui connût cet idiome; c'était celui de son enfance. Quoique différent de la langue hottentote que je connaissais déjà, il avait néanmoins les trois mêmes clappements et me parut fondé sur les mêmes principes généraux. Seulement je remarquai que ce peuple employait plus fréquemment des sons rauques qui, tirés précipitamment du gosier, coupent les mots et les rendent pendant quelque temps inintelligibles pour les oreilles d'un étranger.

Pour être agréable à ces bonnes gens, je me fis apprendre quelques mots namaquois par Klaas. Lorsqu'il m'arrivait de les employer, ils m'écoutaient avec patience et attention jusqu'à la fin, cherchant à me comprendre, ce à quoi il était rare qu'ils parvinssent; mais quand ils m'avaient deviné, c'était pour eux une joie indescriptible.

Chacun, reprenant ma pensée, se faisait un devoir de m'expliquer ce que j'aurais dû dire. Tout cela était fort divertissant pour moi.

La commandante ayant envoyé à mon camp du lait de ses troupeaux, toutes les femmes de la horde tinrent à honneur de l'imiter. Ce tribut volontaire m'eût été extrêmement agréable, si les sébiles de bois dans lesquelles était contenu le lait eussent été plus appétissantes. Malheureusement leurs bords étaient enduits d'une incrustation butyreuse et rance qui rebutait à la fois l'odorat et la vue. Mes Hottentots, peu difficiles sur les recherches de propreté, s'accommodaient très bien du cadeau des Namaquoises ; quant à moi, il m'eût été impossible d'en prendre la moindre goutte.

Il y eut grand bal le jour de mon arrivée ; car les sauvages de cette partie de l'Afrique placent la danse en tête de tous les plaisirs. L'orchestre était, du reste, le moins discordant que j'eusse jamais entendu dans les hordes. Il y avait surtout un joueur de flûte qui eût fait plaisir à entendre, même dans un pays civilisé.

Après avoir embouché son instrument, il en tirait des sons très éclatants ; puis, s'interrompant tout à coup, il répétait les diverses phrases de son air, de façon à imiter un écho parfait. Cette variation sur un instrument à cordes ne m'eût pas étonné, mais elle n'est pas à beaucoup près aussi facile sur un instrument à vent. La méthode qui la produisait était bien simple ; elle consistait pour le flûteur à sortir sa flûte d'entre les lèvres pour la mettre dans une de ses narines. Alors il soufflait comme auparavant ; et ajoutant au vent du nez un petit nazillement qui assourdissait le son, il imitait l'écho si parfaitement qu'il était impossible de ne pas s'y méprendre.

Le territoire de cette horde, bien qu'en apparence très peu productif, nourrissait cependant en animaux domestiques les espèces les plus belles et les plus vigoureuses que j'aie vues en Afrique. J'y achetai plusieurs chèvres dont chacune me donnait par jour autant de lait que les meilleures de mes vaches. Elles ne me coûtèrent que quelques briquets et quelques couteaux.

Les bœufs sont également plus forts que dans les colonies de l'est. Ils sont partagés en trois classes, savoir : bœufs de charge ou de trait, bœufs de monture et bœufs de guerre. Je ne dirai rien des deux premières parce qu'elles sont connues chez les autres peuplades sauvages et même dans les colonies. Je ferai cependant remarquer que les bœufs de monture namaquois, beaucoup supérieurs au cheval pour la fatigue, ne lui cèdent guère pour la vitesse; on choisit pour cet usage ceux qui sont plus petits et plus hauts sur jambes.

Quant aux bœufs de guerre (*bakely-ossen*), ce fut dans cette horde que j'en vis pour la première fois. Leur nom vient de la destination pour laquelle on les élève. On préfère ceux qui sont les plus sauvages et les plus indomptables. Dans les batailles, on les pousse contre l'ennemi; devenus aussitôt furieux, ils fondent sur les hommes, les foulent aux pieds, les déchirent à coups de cornes, et les poursuivent, même dans leur fuite, jusqu'à ce qu'ils les aient mis à mort.

On les emploie aussi pour protéger et défendre les troupeaux. Naturellement courageux et dressés à l'attaque par l'éducation, non seulement ils peuvent résister aux bêtes féroces, mais ils osent même les provoquer, et jamais une hyène, quelque affamée qu'elle soit, n'approchera d'un troupeau si elle y voit deux ou trois de ces redoutables gardiens; ils osent même, en nombre, faire tête à un lion.

Les moutons, aussi haut montés sur jambes que nos chèvres, sont en même temps, pour la grandeur, d'une espèce supérieure aux nôtres. Cependant ils n'ont point cette large et énorme queue graisseuse qui distingue ceux du Cap et des colonies.

Mes Hottentots, accoutumés, selon le goût de leur nation, à n'estimer une viande qu'autant qu'elle est très grasse, ne voyaient qu'avec mépris des animaux qui n'offraient qu'un fouet maigre et effilé pendant jusqu'à terre. La laine de ces moutons n'est ni frisée, ni douce au toucher; ils ont, au contraire, de longs poils plats, très luisants et durs.

Quand je quittai la horde, je fis les cadeaux d'usage à chacun de ses membres. La commandante me demanda un peu de poudre et de plomb dont elle manquait complètement. C'était moins pour se défendre que pour prévenir une attaque; elle craignait que les Boshjesman, dont elle était entourée, ne l'entendant plus tirer, n'en soupçonnassent la cause.

Lors même que je n'aurais pas eu pour obliger cette femme des motifs de reconnaissance, j'aurais par sympathie satisfait à son désir. Seule de son espèce au milieu de ces déserts, éloignée de cinq lieues de tout autre kraâl, soutenue uniquement par une poignée d'hommes, il lui fallait beaucoup d'intrépidité et de courage pour se maintenir dans une position si inquiétante.

Très peu d'hommes auraient montré à sa place autant de fermeté; aussi était-ce une de ces héroïnes guerrières comme en forme quelquefois la vie à demi sauvage des pionniers de la civilisation dans les nouvelles colonies. Elle montait très bien à cheval et fusillait hardiment les Boshjesman quand ils approchaient son kraâl de trop près; elle courait un lion comme en Europe peu de femmes se hasardent à courir un chevreuil. Je lui laissai quelques munitions. C'était un cadeau précieux, et certes elle n'en pouvait faire qu'un bon usage.

Gordon m'avait quelquefois parlé au Cap d'un matelot nommé Schoenmaker, qui, ayant déserté le service de la Compagnie, s'était retiré dans le pays des Namaquois. C'était, assurait le colonel, un très honnête homme, auquel on ne pouvait reprocher que ce seul coup de tête, et estimant que ses conseils et ses services pourraient m'être utiles, il m'avait donné une lettre pour lui.

Je m'informai de lui auprès de la veuve; elle me dit qu'il vivait actuellement à une douzaine de lieues au delà de la horde, et m'offrit de m'y faire conduire. J'acceptai d'autant plus volontiers cette offre, que pour arriver à ce marin devenu nomade, il me fallait traverser une autre horde qui était un démembrement de celle-ci, et dans laquelle la veuve pouvait par sa recommandation me procurer un bon accueil.

J'y arrivai en cinq heures de marche, et sans doute on y était prévenu de ma visite, puisque, à mon approche, le chef vint avec quelques-uns de ses gens, pour me marquer sa satisfaction et me recevoir. Hors d'état d'entendre ce qu'il me disait et d'y répliquer, j'y répondis, sans mon interprète, d'une manière simple et très intelligible, en lui présentant un cadeau composé d'un bout de tabac et de quelques quincailleries, parmi lesquelles étaient deux excellents couteaux.

Mon présent, qui parut lui faire le plus grand plaisir, montre à combien peu de frais on peut non seulement contenter un sauvage, mais s'en faire un ami. A cinq cents pas du kraâl, un homme m'attendait avec deux beaux moutons gras que m'offrait le chef.

La vraie politique pour se faire considérer par les sauvages, c'est de leur imposer par quelque chose d'extraordinaire qui les convainque que la race des blancs est supérieure à la leur. J'avais un pistolet à deux coups, je le déchargeai sur les deux moutons et leur cassai la cervelle à tous deux.

Mes Namaquois connaissaient l'explosion d'une arme à feu, ils avaient vu des fusils entre les mains de quelques colons; mais ils ne connaissaient point les pistolets, et ils ne pouvaient comprendre, c'était leur expression, comment un instrument aussi petit était aussi méchant qu'un grand.... Klaas Baster me servait d'interprète dans cette conversation, et j'avoue qu'elle m'amusait beaucoup.

.... A mon départ, le chef me donna quelques hommes pour me conduire chez Schoenmaker. Je vis, en arrivant, un petit homme en bonnet rouge et en costume de matelot hollandais. Autour de lui étaient plusieurs petites filles charmantes, dont la plus âgée avait à peine neuf ans. Rien de plus intéressant que le spectacle de cette jolie famille, que mon arrivée alarma à un point que je ne saurais exprimer.

Le train dont j'étais suivi, le cortège qui m'accompagnait, ma couleur, mon arrivée inattendue, tout devait être d'un présage sinistre pour un homme qui appréhendait sans cesse les poursuites de l'autorité.

Je me hâtai de mettre fin à ses angoisses; je m'annonçai comme venant saluer Schoenmaker de la part du colonel Gordon et afin de lui remettre une lettre de sa part.

Toute crainte disparut aussitôt. Schoenmaker me tendit la main, et le joli essaim, qui s'était un peu écarté à mon approche, se précipita dans ses bras. Après avoir rendu avec usure ces charmantes caresses, l'heureux père fit littéralement tuer, non pas le veau, mais le bœuf gras en mon honneur.

.... Mes attelages souffraient cruellement de l'âpreté des contrées que nous venions de traverser et où nous nous trouvions encore ; l'œil exercé du colon s'en aperçut immédiatement, et il m'offrit, si je voulais lui donner deux jours pour faire ses arrangements, de me conduire avec ses bœufs à la Grande-Rivière.

Rien ne pouvait m'être plus agréable et plus avantageux que cette proposition ; j'en témoignai toute ma reconnaissance à mon hôte, et j'employai ces deux dernières journées passées dans la montagne à compléter mes observations et mes recherches.

La Grande-Rivière! quel nom magique pour les Africains. Klaas et Schoenmaker me faisaient à ce sujet cent récits qui stimulaient ma curiosité. A les entendre, la Grande-Rivière ne tarissait jamais, et ses bords étaient couverts d'arbres magnifiques ; j'y devais trouver toutes les commodités d'un campement agréable. Ils me parlaient d'oiseaux rares, d'hippopotames, de rhinocéros, de girafes et enfin de toutes sortes de gibier.

Au jour dit, nous quittâmes le kraâl de Schoenmaker et ne tardâmes pas à nous engager dans le véritable territoire des petits Namaquois, lequel s'étend en longitude depuis les montagnes du Camis jusqu'à la mer occidentale, et en latitude depuis le Namero jusqu'aux bords de la Grande-Rivière.

D'après les renseignements que j'ai pu prendre sur le nombre des habitants de toute cette contrée, c'est, je crois, porter sa population à son plus haut point que de lui accorder six mille âmes. Encore les insultes et les attaques fréquentes des Boshjesman, et, plus que cela, l'aridité du sol, la diminuent annuellement. Un jour peut-être même, la race de ce peuple s'éteindra et sera anéantie comme tant d'autres de l'Afrique méridionale.

Le petit Namàquois, quoique d'une assez belle stature, est néanmoins inférieur par la taille aux Cafres et aux Gonaquois. Ce fait m'a donné lieu de faire une remarque intéressante et que je crois neuve, c'est que, pour les qualités morales et physiques, les peuples de l'est, dans la partie de l'Afrique méridionale dont je parle, sont de beaucoup supérieurs à ceux de l'ouest, tandis que les animaux de la dernière contrée l'emportent de beaucoup sur ceux de la première.

Au Cap et dans les colonies, on croit, quoique sans preuves, que la contrée a des mines d'or. Peut-être un jour tentera-t-on de s'en assurer, en envoyant sur les lieux des minéralogistes habiles. Jusqu'à ce moment, je dirai que nulle part, dans aucune horde, je n'ai trouvé le plus léger vestige de ce funeste métal.

Il n'en est pas de même du cuivre. Partout j'ai vu des bracelets, des cuillers, des boucles d'oreilles de ce métal, qui, par la bizarrerie de leurs formes et la grossièreté de leur travail, annonçaient qu'ils avaient été fabriqués sur place, et dont la plupart même conservaient des matières hétérogènes et chatoyantes, lesquelles indiquaient l'imperfection de la fonte et l'ignorance de l'ouvrier.

Quant à la manière d'employer ces ornements, elle est la même pour les Namaquois que pour les autres indigènes. J'ai cependant remarqué chez eux quelques bizarreries particulières. J'ai vu des individus porter à une oreille cinq à six boucles d'une même forme et n'en porter aucune à l'autre. J'en ai vu avoir un bras entièrement garni de bracelets depuis le poignet jusqu'au coude, et avoir l'autre entièrement nu. Enfin, j'en ai vu dont le visage était coloré et peint d'un côté en compartiments, tandis que de l'autre il était peint avec d'autres dessins et des couleurs différentes.

J'ai remarqué en général beaucoup de goût pour les ornements dans les petits Namaquois. Leurs kross et tous leurs vêtements étaient couverts de verroteries et de grains de cuivre enfilés; ils en avaient même jusque dans leurs cheveux, qui étaient graissés d'une manière vraiment dégoûtante. Plusieurs d'entre eux avaient la tête couverte d'une croûte rougeâtre composée de graisse et d'une poudre couleur de brique qui leur empâtait tellement les cheveux qu'on eût dit qu'ils avaient une calotte de ciment pour coiffure. Ceux qui pouvaient étaler ce luxe de parure étaient aussi fiers que nos petits maîtres, lorsqu'ils pouvaient secouer une tête chargée de poudre, de pommade et d'odeurs.

Le *nuyp-kros* ou tablier des femmes portait des rangs de verroteries qui leur pendaient jusque sur les pieds. Du reste, elles étaient habillées comme les Hottentotes.

Les nattes étant très rares dans ce canton, attendu qu'il n'y a point de roseaux, la plupart des huttes étaient couvertes de peaux d'animaux.

La contrée des petits Namaquois n'a d'autres pluies que celles qu'amènent les orages, encore n'est-il pas rare de voir des années où ils ne grondent jamais, et c'est à ce manque d'eau qu'il faut attribuer spécialement son peu de fécondité, comme c'est à sa position géographique qu'elle doit son défaut de pluie.

Depuis le Namero jusqu'à la Grande-Rivière qui la termine, son terrain s'élève peu à peu, et les montagnes au contraire s'abaissent insensiblement. Par delà la Grande-Rivière, les montagnes s'élèvent au contraire tout à coup et le terrain redescend jusqu'à un autre chaînon de rochers situé plus loin; de sorte qu'elle se trouve enfermée comme un bassin entre les deux chaînes.

D'après cette situation, il est aisé de voir que, n'ayant ni forêts, ni hautes montagnes qui arrêtent les nuages, tous ceux qui viennent du nord passent librement sur elle et vont se rendre au Camis, où ils se résolvent en pluie dans les fonds et en neige sur les sommets qui sont les plus élevés de toute la partie sud de l'Afrique.

.... Schoenmaker, qui connaissait le pays, s'était chargé de nous guider.... Notre première halte eut lieu vers les *Kooper-Bergen* (*Montagnes de cuivre*), où je recueillis une quantité de morceaux de minerai dont la pesanteur indiquait une mine très riche.

L'arbre le plus remarquable de ces montagnes est une espèce particulière d'aloès nommé par les Namaquois *karap*, par les Hollandais *kooker-boom* (bois à carquois), et par les botanistes *aloës dichotome*. Il s'élève jusqu'à vingt-cinq et trente pieds de hauteur; il a un beau port, et chacune de ses tiges se termine par une magnifique couronne de fleurs et de feuilles; mais ses racines le soutiennent si mal, que d'un coup de pied j'ébranlais et renversais par terre les plus gros.

C'est avec son tronc, lorsqu'il est jeune, que les peuples de l'ouest font leurs carquois, et de cet usage lui est venu son nom hollandais.

Les jours suivants furent marqués par de grandes fatigues. Des chemins impraticables, le manque d'eau, de vagues inquiétudes, en un mot, le désert dans tout ce qu'il a de plus triste et de plus lugubre, me faisait regretter de m'être aventuré et surtout d'avoir entraîné Schoenmaker dans ce triste voyage....

.... Enfin, j'entends au nord-ouest le grondement des flots. Ce bruit, qui annonce notre salut, me fait tressaillir d'allégresse, et involontairement mes gens laissent échapper un cri de joie.

Nos tourments vont finir, nous allons enfin voir une rivière! Car depuis celle des *Eléphants*, nous n'avions trouvé que des torrents, ou desséchés, ou ne contenant plus que quelques flaques d'eau croupie et boueuse.

Pour jouir plus tôt de cette vue si désirée, je montai à cheval avec Klaas et pris les devants. Tous ceux de mes gens qui n'étaient pas occupés aux voitures se mirent à courir avec moi; mon singe, mes chiens, tous ceux enfin de mes animaux qui étaient libres, partirent en même temps.

Nous galopions tous pêle-mêle; c'était à qui arriverait le premier. Cependant je me laissais précéder de quelques pas par mes bêtes, bien sûr que leur odorat et leur instinct les guideraient par la route la plus courte. Les aboiements, les cris, la joie et les transports de ce groupe galopant ressemblaient plus à une bacchanale qu'à une caravane de voyageurs affamés.

Je jouissais à moi seul du plaisir de tous; mille sentiments confus m'agitaient à la fois. Peu d'hommes sur la terre ont eu à souffrir des peines pareilles aux miennes, mais peu d'hommes aussi ont goûté des plaisirs aussi vifs.

.... Le fleuve offrait un coup d'œil majestueux. Sa largeur dans les endroits les plus resserrés de son cours était celle qu'a la Seine lorsqu'elle entre dans Paris. Cependant, à juger de sa hauteur ordinaire par une grève de deux cents pas qu'à ce moment il laissait à découvert, il devait avoir baissé considérablement par l'effet de la sécheresse.

Ses bords, dans une grande largeur, étaient garnis d'arbres de différentes espèces, et en telle quantité qu'ils y formaient une sorte de forêt. C'étaient des mimosas, des ébéniers nommés par les indigènes *sabris*, des abricotiers sauvages dont les fruits égalaient en bonté nos abricots d'Europe, diverses autres sortes d'arbres et d'arbustes, une espèce de saule remarquable par un fruit en grappes que nous nommâmes raisins sauvages.

Tout cela était peuplé par une infinité d'oiseaux dont les chants ne m'étaient point encore connus.

Je m'applaudissais de m'être décidé à choisir cette route, et je me mis sur-le-champ à la recherche de pâturages frais pour dresser mon camp à leur proximité. Cette recherche fut vaine ; on ne voyait à perte de vue qu'un terrain couvert d'herbes desséchées et de poussière sablonneuse.

Schoenmaker et Klaas, qui s'étaient accordés à me vanter l'excellence des herbages de cette région, durent convenir qu'ils s'étaient trompés, ou plutôt qu'ils avaient négligé de tenir compte des effets d'une longue sécheresse sur une végétation qu'ils n'avaient vue qu'au sortir de la saison pluvieuse.

J'avais donc fort mal choisi mon temps pour entreprendre mon voyage. Toutefois, le mal étant sans remède, il fallait en prendre son parti et aviser à sortir le mieux possible de la situation.

A force de battre le terrain aux alentours, nous trouvâmes, à deux lieues environ des bords du fleuve, un terrain où l'herbe dite Boshjesman n'était pas entièrement fanée ; nous dûmes nous résigner à y mener paître nos bestiaux, tout en conservant notre camp au bord de la rivière.

Il ne fut heureusement pas nécessaire d'y envoyer mes chevaux. Le fleuve nourrissait en quelques endroits une sorte de roseaux dont ils mangeaient avec grand appétit les sommités et les jeunes pousses.

J'avais de plus trouvé des petits concombres épineux de la grosseur d'un œuf de poule, qui nous faisaient une nourriture excellente et dont les feuilles étaient pour eux une friandise. Bientôt même ils surent les trouver sans moi.

Quant à mes chèvres et à mes moutons, ils s'accommodaient très bien des feuilles et de l'écorce des arbrisseaux qui croissaient à l'ombre des grands arbres.

Pour nous, le voisinage de la rivière attirait dans la plaine une quantité innombrable de gibier qui nous promettait une nourriture suffisante.

Comme nous ne pouvions pêcher qu'à la ligne, la rivière ne nous fournit que deux espèces de poissons : des carpes semblables à celles du Rhin et un poisson noir sans écailles, long de quinze à dix-huit pouces et de la forme du barbeau; mais en revanche, fourmillant d'hippopotames, elle me promettait une chasse relativement facile et des observations intéressantes.

Dès le premier jour, j'en tirai un que mes gens surnommèrent la *grand'mère* du fleuve, par rapport à son âge avancé et à son énorme taille.

En me promenant sur la grève, je trouvai des agates herborisées, des onyx, des cristaux de fausse améthyste, et surtout beaucoup de morceaux de quartz avec des accidents singuliers. Mais je vis une pierre extraordinaire, et à laquelle je n'ai pu donner de nom. Elle est grosse comme une noix muscade, chatoyante comme l'opale et l'œil de chat, et d'une couleur plus rembrunie, avec une fine couleur d'or; elle fait feu au briquet. Les naturalistes et les joailliers ne la connaissent pas.

Les arbres et les arbustes contenaient, ainsi que je le disais tout à l'heure, une immense quantité d'oiseaux d'espèces nouvelles pour moi. Il y en avait surtout beaucoup de petits sur une bruyère à fleurs jaunes campanulées, et sur une sorte de jasmin, semblable par ses fleurs et par ses feuilles au jasmin d'Espagne, mais presque inodore.

Chaque espèce avait son arbre de prédilection qu'elle ne quittait pas. Par exemple, il y avait un buisson épineux sur lequel je vis des centaines de petits perroquets, et je ne les voyais que là.... En très peu de temps, aidé de Klaas qui, pour les chasses relatives à ma collection, était devenu très intelligent et très adroit, j'eus toutes les espèces d'oiseaux que je pouvais désirer....

Cependant les relais de Schoenmaker avaient beaucoup souffert, ses bœufs dépérissaient à vue d'œil, et il laissait paraître un vif désir de regagner avec eux son kraâl.

Il m'en coûtait de me séparer d'un aussi utile compagnon ; je lui proposai, s'il voulait consentir à m'accompagner encore quelque temps, de renvoyer à sa horde ses bœufs et ses gens, et de les faire escorter par quatre de mes chasseurs. Il y consentit.

Les bêtes féroces commençaient à nous inquiéter ; nous les chassâmes en allumant un vaste incendie, dont la vue m'offrit un spectacle sublime. Les lions ne se firent plus entendre ; mais malheureusement, en même temps qu'eux, disparurent les oiseaux.

La rencontre de Pinard, qui était en compagnie de deux des plus déterminés brigands des colonies, Mathys Meodel et Bernfry, vint troubler notre campement en mettant la discorde parmi mes gens ; une sorte de duel entre Bernfry et Schoenmaker, que j'eus le bonheur d'interrompre et d'empêcher, m'affecta extraordinairement. Ce fut bien autre chose, lorsque je vis Klaas se laisser à peu près persuader de quitter mon service pour entrer à celui de Pinard.

Je pris les devants, et remettant à Klaas l'argent que je lui devais, je le congédiai. Le pauvre garçon, désolé, se jeta à mes pieds. Je tins bon ; mais l'intervention de Swanepoel, et surtout mon amitié pour le coupable, eurent raison de ma sévérité.

Pinard, voyant que sa déloyauté m'était connue, prit le parti de nous quitter. Il leva son camp et disparut une belle nuit, à ma grande joie.

Je me sus gré de la perspicacité qui, au Cap, m'avait empêché de l'accepter comme compagnon de route : il n'avait d'autre but que de faire fortune dans ses voyages en s'inquiétant fort peu de tout autre résultat. Il ne songeait qu'à piller, intimider, dévaster. La chose était aisée dans un pays comme celui où nous nous trouvions ; mais tôt ou tard il pouvait lui en coûter, et c'est en effet ce qui lui arriva.

Un peu après m'avoir quitté, il fut surpris par des Boshjesman. Ses Hottentots massacrés, sa pacotille et ses équipages pillés, lui-même n'échappant à la mort que par une espèce de miracle, tel fut le sort de ce voyageur turbulent. Le fait s'était passé à quelques lieues de mon camp, et j'eusse pu lui porter secours, si le moindre signal m'eût été donné, ou tout au moins le venger ; mais je n'appris l'aventure qu'à mon retour au Cap.

.... La chasse aux hippopotames était si fructueuse que mes gens, fatigués d'en manger la chair, n'en tiraient plus que pour en avoir les peaux. Ils avaient changé mon camp en une manufacture de *chanboks* (1); on n'y voyait que des peaux manufacturées, et déjà leur imagination exaltée supputait les richesses que cette entreprise devait leur procurer.

Les montagnes offraient en abondance une espèce de lièvres semblables par la taille et la forme à ceux d'Europe; nous avions aussi à foison dans les bois des gelinottes, des perdrix de la grande espèce, nommées faisans par les colons, sans compter la quantité d'oiseaux nouveaux dont j'ai parlé.

Un jour, en sautant de roche en roche sur la rivière pour en sonder quelques bas-fonds, il m'arriva de tirer sur un animal qui me croisait avant d'en avoir pu reconnaître l'espèce, et de lui casser la cuisse. C'était un tout jeune hippopotame. Nous courûmes à lui pour lui barrer le passage et l'empêcher de gagner l'eau ; mais à peine l'avions-nous rejoint, qu'à quelques

---

(1) On appelle de ce nom des fouets ou espèces de houssines faits en peau de rhinocéros ou d'hippopotames ; ces derniers sont préférés.

pas de là, sur les bords de la rivière, se montra la mère qui, avec des rugissements affreux, accourait vers nous, en ouvrant une gueule effroyable.

Cette apparition subite, à laquelle nous ne nous attendions point, fit sur nous une telle impression de terreur que nous ne songeâmes qu'à fuir au plus vite, et que chacun même, pour courir plus lestement, jeta son fusil. Je ne balançai point à en faire autant du mien, qui, étant déchargé, me devenait inutile pour me défendre. La mère, ayant retrouvé son petit, ne chercha point à nous poursuivre, et rentra paisiblement avec lui dans l'eau.

.... L'éclat de nos feux pendant la nuit, le bruit de nos armes pendant le jour avaient averti de notre présence plusieurs hordes de grands Namaquois, situées à quelques lieues de nous, de l'autre côté de la rivière, et ils venaient souvent me rendre visite dans mon camp.

J'avais aussi quelquefois celle des Caminouquois qui demeuraient plus loin. Tous me témoignaient de l'amitié; je les accueillais avec les mêmes sentiments, et jamais aucun d'eux ne s'en retournait sans emporter avec lui une charge du produit de mes chasses.

Ces cadeaux me faisaient des amis dans toutes les hordes; tous s'empressaient de venir me voir et tous m'engageaient à aller chez eux à mon tour.

Pour m'y déterminer d'une manière plus puissante, les grands Namaquois me disaient qu'à deux journées au nord de leur canton, je trouverais beaucoup de girafes et de rhinocéros. Jusqu'à ce moment je n'avais point encore vu de girafes, lesquelles ne dépassent jamais la Grande-Rivière. Quant aux rhinocéros, je n'en avais encore rencontré que deux, que je m'étais bien gardé d'attaquer, parce que je n'avais que mon fusil ordinaire.

Depuis longtemps on m'avait prévenu des dangers que l'on court en arrêtant un pareil ennemi, et l'expérience m'en a depuis convaincu plus d'une fois.

Parmi les animaux d'Afrique, l'éléphant seul est plus fort que lui, et il n'en est pas dont l'attaque soit plus impétueuse.

Le tigre se fait entendre régulièrement chaque jour au lever et au coucher du soleil, et, en avertissant ainsi de sa présence, il prévient de se mettre en garde contre lui. Le lion, dont l'habitude est d'attaquer pendant la nuit, s'annonce par des rugissements, et d'ailleurs, malgré la férocité de ces deux tyrans des déserts, il suffit d'un grand bruit pour les effrayer et les faire reculer. Il n'en est point ainsi du rhinocéros ; c'est à la fois un traître que rien n'annonce, un agresseur que rien n'épouvante et un furieux que toute résistance rend implacable.

.... Désireux de visiter la rive gauche du fleuve, et ne voulant ni le traverser à la nage comme le faisaient mes amis sauvages, ni aller à une grande distance chercher un gué qu'ils m'indiquaient, je fis construire un radeau assez solide pour me passer d'une rive à l'autre chaque fois qu'il m'en prendrait la fantaisie.

La première fois que je m'en servis, j'avais auprès de moi deux Caminouquois qui étaient venus à mon camp. A la vue du radeau, ils furent extasiés. De mon côté, je m'étonnai de l'ignorance grossière et du peu d'industrie de tous ces Africains qui, sans cesse exposés à être éventrés par des hippopotames ou à se noyer lorsqu'ils traversent des rivières débordées, sont peut-être, sur le globe entier, les seuls sauvages qui n'aient point encore imaginé de se construire quelque embarcation.

Je passai ainsi la rivière avec Klaas et les deux Caminouquois qui étaient ravis de leur expédition ; mais à peine sur l'autre rive, ce ravissement se transforma en une douleur profonde : à terre gisait, à côté d'une sagaie ensanglantée, le cadavre d'un homme en grande partie dévoré par un lion.

Le spectacle, qui par lui-même était affreux, le devint encore bien plus pour mes deux compagnons quand ils reconnurent, dans la victime du lion, un de leurs camarades qui, parti trois jours auparavant pour venir me visiter, n'avait plus reparu à leur kraâl.

On distinguait, parfaitement imprimées sur le sol, les traces du combat. L'homme s'était désespérément défendu ; il avait même blessé l'animal, ainsi que l'annonçait le sang dont était teinte sa sagaie ; mais il avait succombé enfin, et tel est le résultat ordinaire de l'infériorité qu'ont, dans ces sortes de luttes, les hommes privés d'armes à feu.

Nous rendîmes à ces tristes restes les derniers devoirs, c'est-à-dire qu'à la manière des sauvages, nous couvrîmes les entrailles et les os brisés d'un monceau de pierres.

.... J'occupais mon campement depuis six semaines ; les cantons environnants n'avaient plus rien à offrir à ma curiosité et, d'autre part, la saison des grandes chaleurs venait de commencer. Nous touchions au mois de novembre, et la terre, partout brûlée, menaçait de ne plus fournir bientôt la moindre parcelle de nourriture à nos animaux.

Mes Hottentots eux-mêmes ne cachaient plus leur découragement. Quant à moi, plus accoutumé qu'eux à réfléchir et plus intéressé aux malheurs inévitables qui nous attendaient, j'étais consterné. Entouré de toutes parts d'obstacles insurmontables, je voyais approcher le moment où il me serait aussi difficile de regagner le Cap que de continuer ma route....

Je me décidai à abandonner mes attelages, qui étaient réduits à l'impossibilité absolue de me rendre le moindre service, ainsi que mon camp et mes autres troupeaux, à la garde de Swanepoel, sur la fidélité et l'intelligence de qui je pouvais compter, et à parcourir les cantons environnants, pour y négocier, avec les différentes peuplades que j'y trouverais, l'acquisition de nouveaux attelages de bœufs. Je me proposais en outre d'utiliser cette excursion pour tuer quelques girafes.

Je partis le 26 octobre, emmenant avec moi huit de mes fusiliers, au nombre desquels était Klaas Baster, et huit Namaquois, qui consentirent à m'accompagner. Tout le reste de mon ancienne caravane resta au camp avec Swanepoel.

La nouvelle caravane fut composée de quatre chiens, de mon singe Keès, de deux chevaux, de six bœufs de charge que j'avais loués pour porter mes effets, mes provisions et même quelques instruments, tels que mon quart de cercle et ma boussole, et de dix-huit personnes, car Bernfry avait demandé à être du voyage; et, à dire vrai, j'aimais autant voir cet homme à côté de moi qu'auprès de mon camp lorsque je n'y serais plus.

Nous traversâmes la rivière sur le radeau, et les Namaquois, qui connaissaient le pays, se chargèrent de nous servir de guides.

. . . .

Notre voyage, qui durait déjà depuis plusieurs jours, n'avait encore présenté de remarquable que l'augmentation de la disette de fourrages à mesure que nous avancions, lorsque, en descendant d'une montagne dans une fondrière très profonde, j'aperçus presque perpendiculairement au-dessous de moi, un oiseau qui s'élevait et s'abaissait très rapidement avec des mouvements très extraordinaires.

Quoique je connusse très bien le secrétaire (1) et que j'en eusse tué plusieurs à la terre de Natal, il m'était impossible, dans la situation verticale où je me trouvais, de reconnaître celui-ci, mais je le soupçonnai à son manège.

En effet, ayant trouvé moyen, à la faveur de certaines aspérités de rocher, d'approcher sans bruit assez près de lui, je vis que c'en était un, qui se battait avec un serpent.

Le combat était très vif des deux côtés, et la ruse était égale de part et d'autre : le serpent, qui sentait l'inégalité de ses forces, employait, pour fuir et regagner son trou, cette prudence qu'on lui attribue, tandis que l'oiseau, devinant son intention, l'arrêtait tout à coup, et, se jetant par un saut au-devant de lui, lui coupait la marche. De quel côté que le reptile essayât de s'échapper, il retrouvait toujours son ennemi. Alors, unissant la ruse au courage, il se dressait fièrement pour l'intimider, et, avec un sifflement affreux, lui présentait une gueule menaçante, des yeux enflammés et une tête gonflée de rage et de venin.

(1) Les Hollandais ont donné à cet animal le nom de *secretaris* (*secrétaire*), à cause de la touffe de plumes qu'il porte derrière l'oreille, et qui rappelle l'usage des gens de cabinet en Hollande, de passer, quand ils sont interrompus, leur plume dans leurs cheveux derrière l'oreille droite.

Parfois cette résistance excessive suspendait pour quelques instants les hostilités ; mais bientôt l'oiseau, revenant à la charge et se couvrant le corps avec une de ses ailes comme avec un bouclier, de l'autre il frappait son ennemi avec les protubérances osseuses dont il est armé au pliant et à la dernière articulation de l'aile, et qui, comme de petites massues, l'accablaient d'autant plus sûrement que lui-même se présentait aux coups. Effectivement, je le vis chanceler et tomber étendu ; et alors, le vainqueur se jeta sur lui pour l'achever, et, d'un coup de bec, lui ouvrit le crâne.

En ce moment, n'ayant plus d'observation à faire, je le tirai. Je trouvai dans son jabot onze lézards assez grands, trois serpents de la longueur du bras, onze petites tortues bien entières dont plusieurs ayant deux pouces de diamètre, enfin une quantité de sauterelles et d'insectes dont la plupart étaient assez entiers pour mériter d'être recueillis.... Les lézards, les serpents, les tortues avaient tous reçu le coup de bec sur la tête. Ce n'était donc point la faim qui l'avait déterminé au combat, mais la haine et l'antipathie qu'il porte aux serpents ; une pareille aversion est d'un avantage inappréciable dans une contrée où la température favorise étonnamment la multiplication d'une infinité d'animaux nuisibles et venimeux. A ce point de vue, le secrétaire doit être considéré comme un véritable bienfait. Ses services, du reste, sont appréciés à leur valeur par les colons et les Hottentots qui le protègent et ne permettent pas qu'on le tue, de même que les Hollandais ne tuent pas la cigogne, et les Egyptiens l'ibis.

Le secrétaire s'apprivoise facilement à l'état domestique ; toute nourriture cuite ou crue lui convient également. Si on a soin de le bien nourrir, non seulement il vit amicalement et en paix avec la volaille, mais quand il voit quelque dispute, il accourt pour séparer les combattants et ramener l'ordre.

Il n'est pas bon par exemple de lui laisser souffrir la faim, car alors, ne mettant aucun scrupule à se faire sa part, il tombe sur les petits canards et les jeunes poulets.

J'ai vu dans beaucoup d'habitations de ces secrétaires privés. Leur ponte est ordinairement de deux à trois œufs ; ces œufs sont gros à peu près comme ceux de l'oie, et blancs comme ceux de la poule. Les petits sont longtemps à sortir du nid, parce que, leurs jambes étant longues et grêles, ils ont beaucoup de peine à se soutenir. Jusque vers l'âge de sept mois, leur démarche est gauche et disgracieuse ; mais à partir de cet âge, ils ont des mouvements aisés et gracieux qui accompagnent merveilleusement bien la symétrie et la noblesse de leurs formes.

. . . .

Dans le premier kraâl où je m'arrêtai, je payai ma bienvenue par une chasse aux hippopotames, qui valut à la horde la chair de deux de ces animaux dont je lui fis présent.

On me donna des renseignements sur les contrées où je devais trouver des girafes.

J'avais, avant d'y arriver, traversé un autre kraâl, où j'acquis la preuve certaine que je touchais au moment de cette chasse si désirée, en voyant la peau d'un ces animaux couvrir la hutte du chef.

Quelques sauvages de la horde voulurent m'accompagner jusqu'au *Gamma-rivier (rivière des lions)*. Au lieu du puissant cours d'eau qu'on m'avait annoncé, je ne trouvai qu'un torrent si desséché que nous choisîmes son lit pour route. C'est là que je vis, pour la première fois dans ces contrées, un de ces nids énormes qui servent de demeure à une multitude d'oiseaux, auxquels je donnai le nom de républicains, et que j'aurai plus tard l'occasion de décrire en détail.

Pendant que j'examinai ce nid, un de mes Namaquois accourut me prévenir qu'il venait d'apercevoir dans les environs une girafe se reposant sous un mimosa.

A l'instant je sautai sur un de mes chevaux ; Bernfry m'imita, et, suivi de mes chiens, je volai vers le mimosa indiqué. La girafe n'y était plus. Nous piquâmes pour la rejoindre ; elle prit un trot fort léger, sans toutefois forcer sa marche. Nous galopâmes après elle, en lui tirant de temps en temps un coup de fusil. Insensiblement elle gagna tant sur nous, qu'après l'avoir poursuivie pendant plus de deux heures, nos chevaux étant hors d'haleine, nous fûmes obligés de renoncer à l'atteindre.

Notre course nous avait éloignés de cinq lieues au moins du camp, et comme la girafe, dans sa fuite, avait fait de nombreux crochets, il nous était difficile de nous orienter pour le rejoindre. Il était midi; la soif nous dévorait, les tiraillements de la faim commençaient à se faire sentir, nos chevaux épuisés ne pouvaient faire un pas de plus. D'autre part, Berntry, pendant la poursuite, s'étant séparé de moi, je ne savais ce qu'il était devenu.

De temps en temps, je voyais passer des gelinottes au-dessus de ma tête; j'en tirai quelques-unes. Puis, avec le bassinet de mon fusil et aux dépens d'une de mes manchettes qui me servit d'amadou, j'allumai quelques broussailles, et je les fis griller.

Au moment où je me préoccupais de mon installation pour la nuit dans ce désert infesté de carnassiers, je crus entendre au loin quelques coups de feu; j'y répondis aussitôt, et bientôt je vis arriver deux hommes de ma troupe, qui, en compagnie de Bernfry, s'étaient mis à ma recherche.

Ce ne fut cependant que le lendemain que nous rejoignîmes la caravane.

Nous avions suivi et manqué encore plusieurs girafes, et j'étais d'autant plus contrarié de cet insuccès, que, ayant vingt-sept personnes à nourrir, je voyais approcher le moment où je manquerais absolument de vivres, lorsque, au détour d'une colline, nous aperçûmes sept girafes qu'à l'instant ma meute attaqua. Elles se débandèrent, et mes chiens, que je suivis à peu de distance, en pressèrent une de près. Aux aboiements de la meute, je compris bientôt que la bête était acculée; en effet, en traversant la butte qui nous séparait, je l'aperçus au milieu des chiens, et tâchant, par des ruades désespérées, de s'en écarter. Je mis pied à terre, et, d'un coup de carabine, je la renversai.

Qui croirait qu'une pareille conquête excita dans mon âme

des transports voisins de la folie! Peines, fatigues, besoins cruels, incertitude de l'avenir, tout disparut, tout s'envola à l'aspect de cette proie depuis si longtemps convoitée. J'en mesurai l'énorme hauteur, et, reportant avec étonnement mes regards de l'animal détruit à l'instrument destructeur, je me demandai, comme aurait pu le faire un sauvage, quel génie favorable aux chasseurs avait pu inspirer aux hommes l'idée et le mécanisme d'un aussi puissant engin de défense et de destruction ?... Mais ce qui faisait monter ma joie jusqu'au délire, c'était la pensée d'être le premier voyageur qui eût abattu un de ces légers et gracieux animaux que l'Europe ne connaissait guère encore que par des récits plus ou moins fabuleux.

.... Après avoir fait nettoyer avec grand soin la peau de ma victime et l'avoir fait porter dans une source qu'on venait de découvrir afin de la nettoyer, j'allais donner son corps aux affamés; mais Klaas n'y laissa toucher qu'après avoir prélevé pour moi quelques morceaux de chair qu'il fit griller et que je trouvai excellents. Il mit aussi sur le brasier les tibias, dont la moelle, blanche et ferme comme celle du mouton, était fort appétissante. J'en fis mettre les restes fondus dans la vessie de la girafe, et par la suite cette provision me fut fort utile.

Pendant que je dînais, Klaas avait nettoyé et applati un espace d'environ vingt pieds carrés. J'y fis étendre la peau, le poil en dessous, et, dans cet état, on l'assujettit sur ses bords avec de grosses pierres.

Il me restait à dessécher cette peau, à la débarrasser de sa graisse, à détruire en un mot tous les éléments de fermentation qui eussent pu la pourrir ou l'endommager. Je fis allumer à cet effet de grands feux, afin de me procurer beaucoup de cendres que j'y répandis ensuite de manière qu'elle en fût entièrement couverte; comme elle devait rester ainsi toute la nuit, je fis dresser ma tente tout auprès, ne voulant laisser à personne le soin de garantir mon trésor des attaques des hyènes et des chacals.

La dissection de la tête et des jabots me prit toute la journée; l'ouverture du crâne et l'extraction de la volumineuse cervelle qu'il contenait me coûtèrent des difficultés infinies.

Toutefois, je regrettais d'autant moins ma peine que je me flattais d'être le premier à apporter en Europe la dépouille d'une girafe. J'avoue que je fus un peu désappointé d'apprendre, à mon retour au Cap, qu'il en était déjà parti une pour la Hollande; mais je sus plus tard qu'elle y était arrivée tout abîmée, effet inévitable de l'emploi du sel au lieu de cendres pour sa préparation.

La girafe rumine ainsi que toutes les bêtes à cornes et à pieds bifourchus. Elle broute aussi comme elles, mais rarement, parce que le pâturage manque dans les contrées qu'elle habite.

Sa nourriture ordinaire est la feuille d'une sorte de mimosa, nommée par les indigènes *kanaap*, et par les colons *kanneelboom*. L'arbre étant particulier à ces contrées et ne croissant que là, il se pourrait que ce fût la raison qui y fixe la girafe.

La plus belle partie, sans contredit, du corps de cet animal est la tête. La bouche est petite, et les yeux sont vifs et bien ouverts. Entre les deux yeux et au-dessus du nez, il a un tubercule très saillant et bien prononcé. Cette éminence n'est point une excroissance charnue, mais un renflement de la partie osseuse; il en est de même des deux petites bosses ou protubérances, dont son occiput est orné, et qui, grosses comme des œufs de poule, sont de chaque côté de la naissance de la crinière. Sa langue est râpeuse et se termine en pointe. Ses deux mâchoires ont de chaque côté six mâchelières; mais l'inférieure porte en outre sur le devant huit dents incisives, tandis que la supérieure n'en a point.

Les sabots sont fendus; ils manquent de talon et ressemblent assez à ceux du bœuf; cependant on remarque au premier coup d'œil que ceux de l'avant présentent plus de grosseur que ceux de l'arrière. La jambe est très fine; mais les genoux sont couronnés, parce que l'animal s'agenouille pour se coucher. Il a aussi au milieu du sternum une grande callosité, ce qui prouve qu'il repose ordinairement sur la poitrine.

Si je n'avais point tué de girafes, je croirais, comme beaucoup de naturalistes, que ses jambes de devant sont beaucoup plus hautes que celles de derrière. C'est là une erreur; elles ont entre elles à peu près la proportion ordinaire des autres quadrupèdes. Ce qui trompe dans la girafe sur cette différence apparente des jambes, c'est la hauteur du garrot, qui, suivant l'âge de la bête, peut excéder celle de la croupe de seize à vingt pouces, et qui, lorsqu'on la voit courir de loin, paraît donner plus de longueur aux jambes de devant.

L'allure de ce quadrupède, lorsqu'il marche, n'est ni gauche, ni désagréable; mais s'il trotte, il devient risible. La longueur du cou, dépassant au moins de quatre pouces celle des jambes, ajoutée à la longueur de la tête qui lui permet d'atteindre les branches d'arbre, lui suffit aussi pour brouter sans peine.

Sa défense, comme celle du cheval et des autres solipèdes, consiste en ruades; mais son arrière train est si léger et sa ruade si vive, que l'œil ne peut les suivre. Elles lui suffisent même pour se défendre contre le lion; mais elles sont insuffisantes contre l'attaque impétueuse du tigre. Il ne me paraît pas qu'elle se serve jamais de ses cornes pour le combat.

A cinq lieues du côté de l'est était une horde de Caminouquois, qui, sans doute avertis par nos feux, vinrent nous rendre visite et donnèrent à ma troupe de précieuses leçons d'économie.

Ils se jetèrent en affamés sur ce qui restait de ma girafe et ramassèrent soigneusement les os; même ceux que nos gens avaient jetés après en avoir mangé la moelle furent mis à profit. Ils les brisèrent en morceaux, m'empruntèrent ma chaudière pour les faire bouillir, et en tirèrent une quantité incroyable de graisse, qu'ils recueillirent avec une grande joie.

Pendant les neuf jours que je passai en cet endroit, ce furent des voyages continuels du camp à leur kraâl; comme des fourmis prévoyantes, ils allaient et venaient emportant toujours quelques provisions.

En récompense d'une qualité si rare chez les Africains, j'eus soin de les fournir abondamment de plusieurs espèces de gazelles.

Je prolongeai parfois jusque chez eux mes promenades et mes chasses, dans le dessein de les étudier et de les connaître ; mais ils n'ont absolument rien qui les distingue des grands Namaquois.

La nature timide des girafes les portant à s'éloigner de l'homme, bientôt nous n'en vîmes plus. Deux rhinocéros qui me furent signalés s'éloignèrent également avant que je pusse les atteindre. Quant aux éléphants assez nombreux, la difficulté de me charger de leurs défenses m'empêcha de leur donner la chasse.

J'avais déjà bien assez d'embarras à emporter la peau de ma girafe, qui formait un paquet de six pieds carrés sur trois pieds et demi d'épaisseur.

Le surlendemain du jour où j'eus quitté ma station, nous arrivâmes à la rivière des Lions, et le quatrième, vers le soir, nous avions en vue mon camp sur l'autre bord de l'Orange.

Mon retour fut une fête pour tout mon monde. Pendant mon absence, quelques Boshjesman avaient rôdé autour du camp, mais sans oser l'attaquer.

Mes Hottentots, s'imaginant que je renoncerais à aller plus avant, se réjouissaient de retourner dans leur kraâl. Quand ils apprirent que, malgré la fatigue que je venais d'endurer et bien qu'ayant réalisé mon vœu le plus cher en tuant une girafe et en m'emparant de sa dépouille, j'étais résolu à poursuivre mon expédition, ils manifestèrent des velléités de révolte de nature à m'inquiéter. Ils ne parlaient de rien moins que de m'abandonner pour regagner seuls la colonie.

Le calme et la fermeté de mon attitude quand je leur déclarai, ainsi que Klaas me le conseilla, qu'ils étaient libres d'agir comme bon leur semblait, firent merveille. Comme de vrais enfants qu'ils sont en réalité, ils changèrent aussitôt d'avis et de langage, et quand je parlai de congédier les plus mutins, tous se jetèrent à mes pieds, en me suppliant de les conserver à mon service.

Je profitai de l'ardeur de ce beau zèle pour arrêter mes dernières dispositions. Mon projet avait toujours été de traverser l'Afrique d'une extrémité à l'autre. Tous mes préparatifs à l'époque de mon départ du Cap, toutes mes démarches et mes précautions depuis ce jour n'avaient tendu qu'à ce but, et je me le proposais encore exclusivement, malgré les obstacles sans cesse renaissants que m'opposait le climat. Je me trouvais cependant en présence d'une difficulté insurmontable : celle de me faire suivre par mes chariots. En laissant ceux-ci aux bords de l'Orange, il me fallait abandonner en même temps tous ces trésors zoologiques que j'avais amassés avec tant de peine et de périls, et c'était pour moi une inconcevable douleur.

Je m'arrêtai à un moyen terme, qui était d'entreprendre une nouvelle excursion préparatoire, et de remettre jusqu'au moment où mon expérience aurait été assez mûrie, le temps de prendre une résolution définitive.

D'après ce plan provisoire, je laissai à Swanepoel la garde de mon camp pour cinq mois, lui permettant, s'il parvenait à se procurer des attelages après ce délai, d'aller m'attendre au Namero, chez Van der Westhuysen, quelque temps encore; après quoi il avait licence de rentrer au Cap sans moi.

Nous étions aux jours les plus longs et les plus chauds de l'année, et presque chacun d'entre eux était marqué par un orage qui, allant éclater dans la région montagneuse sans nous favoriser d'une goutte d'eau, promenait incessamment sur nos têtes un supplice semblable à celui de Tantale.

Une fois cependant, nous eûmes une légère averse qui suffit à ramener l'herbe dite du Boshjesman et de réconforter ainsi un peu mes troupeaux.

Je partis donc un peu plus tranquille, et je me hâtai, afin de ne pas trouver la rivière des Lions assez grossie pour ne pouvoir la traverser, car c'est une singularité particulière aux plaines africaines que, pendant que de toutes parts la terre reste brûlée et desséchée, les cours d'eau, gonflés par les pluies qui règnent dans les régions montagneuses où ils ont leur source, acquièrent une impétuosité et une largeur qui les transforment complètement.

Après quatre jours de marche, nous arrivâmes dans un site ombragé par de beaux arbres et où la végétation était ravissante de fraîcheur et de grâce. Tout autour de nous, à une légère distance, nous apercevions des girafes, des gazelles, des gnous et surtout des espèces d'oiseaux qui m'étaient encore inconnues.

Le règne minéral n'offrait pas dans ce canton moins d'objets à ma curiosité que les deux autres.

Tout le pays qui avoisine la rive droite de la rivière des Lions, est formé, en effet, d'une roche quartzeuse qui, en quelques endroits, renferme du fer, du cuivre et même des cristaux d'une très belle eau.

.... Mes chasseurs, en battant le pays, avaient rencontré quelques grands Namaquois dont la horde n'était qu'à quatre lieues de notre halte; ils s'y étaient rendus, afin de prévenir le chef de ma présence dans son canton et lui annoncer ma visite; celui-ci leur avait courtoisement adjoint six de ses hommes, chargés de me saluer et de me dire que je serais le bienvenu chez lui.

Nous eûmes toute la nuit à tenir éloignés de nous les hyènes, les chacals et un autre carnassier appelé *loup de terre*, qui, attirés par l'odeur du gibier amoncelé dans notre camp, rôdaient tout autour avec une persistance inouïe.

Pendant que mes gens se disputaient l'honneur d'avoir mis à mort un chacal atteint par notre fusillade de la nuit et que nous avions trouvé sur notre route en sortant du camp, nous arrivâmes en vue du kraâl des Namaquois.

Le chef vint au-devant de moi, accompagné de quelques femmes et d'une grande partie des hommes de sa horde. Ils avaient tous au moins cinq pieds six pouces, et quelques-uns étaient un peu plus grands; l'expression de leur physionomie était douce, mais froide et flegmatique: mouvements, gestes, regards, tout chez eux était triste et glacial; et je ne tardai pas à m'apercevoir dans la conversation que cette froide langueur était aussi bien dans leurs affections et dans leurs pensées que dans leur extérieur.

Ce caractère tranquille et inaltérable est en général si éloigné de la nature des sauvages, que j'en fus extrêmement étonné; mais ce qui me surprit davantage encore, ce fut de voir combien il contrastait avec celui des femmes de la horde, dont l'air enjoué annonçait une vivacité extrême et qui surtout se montraient grandes rieuses.

En route, j'avais aperçu de grands troupeaux de bœufs que l'on m'avait dit appartenir à la horde. Arrivé au kraâl, je demandai au chef de m'en vendre quelques-uns ; mon offre de payer en verroterie et en tabac sembla peu le toucher, car je reçus une réponse ambiguë qui me déconcerta. J'allai redoubler mes offres, lorsqu'un des Caminouquois qui m'accompagnait m'avertit tout bas de ne prodiguer ni mon tabac, ni mes quincailleries, ajoutant que cet air irrésolu était un usage en même temps qu'un trait de caractère namaquois.

J'affectai aussitôt une indifférence semblable à celle de mes hôtes ; et bien m'en prit, car, très peu de temps après, l'échange que je désirais était conclu.

.... Je donnai à notre halte suivante le nom de *camp des Pintades*, à cause de la multitude de ces volatiles qui nous y assourdirent nuit et jour, et celui de *fontaine des Tortues* à une source d'eau excellente que nous découvrîmes aux environs, et près de laquelle je pris une tortue pesant près de douze livres, la plus belle que j'eusse jamais vue ; sa chair tendre et délicate me procura le plus succulent souper que j'eusse fait depuis longtemps.

De leur côté, mes chasseurs m'apportèrent un animal fort curieux : la grande *gerboise du Cap*. Elle est forte comme nos plus grands lièvres ; elle a le poil roux et foncé, la queue fort longue et terminée, comme celle de l'hermine, par un bouquet de poils noirs. On la nomme dans les colonies *spring-haas* (*lièvre sauteur*), parce que ses jambes de derrière, disproportionnément plus longues que celles de devant, lui permettent de faire des sauts prodigieux. Sa chair est un excellent manger.

Bernfry, de son côté, eut le bonheur de tuer une girafe mâle, dont je ne pus malheureusement préparer et conserver la peau, à cause des grandes distances que je me proposais de parcourir avant de rejoindre mon camp de l'Orange.

Je gagnai ensuite vers le nord-ouest un torrent nommé le *Draay* (*rivière tortueuse*), sur les bords duquel se trouvait couché un magnifique troupeau de buffles. A notre approche, ils se levèrent et s'enfuirent avec une précipitation et un effroi que je ne puis peindre. De notre côté, aussi étourdis qu'eux de la rencontre, nous les laissâmes fuir sans songer seulement à leur tirer une balle.

Je ne tardai pas à prendre une heureuse revanche en tirant dans les arbres du rivage un *magnifique couple d'aigles*, mâle et femelle, d'espèce nouvelle. J'ai nommé cet aigle *griffard*, parce qu'il a les serres plus fortes et plus acérées que les autres espèces connues.

Aussi fort que l'aigle royal, il a pour attribut particulier une espèce de huppe pendant sur l'occiput.

Dans l'après-midi, tandis que j'étais occupé à préparer mes deux oiseaux, on vint m'apprendre qu'un vieux Caminouquois chargé de garder nos chevaux, ayant cédé au sommeil, n'avait plus retrouvé à son réveil les animaux confiés à ses soins.

C'eût été une perte irréparable, et le seul parti à prendre était de courir sur-le-champ à leur recherche ; nous eûmes le bonheur de les retrouver avant la nuit.

La marche suivante nous amena en plein pays namaquois et non loin d'une des principales hordes de cette nation. Je traversai leur kraâl avec toute ma troupe, et j'allai dresser mon camp un millier de pas plus loin, près d'une source dont l'eau était excellente, bien qu'elle présentât une apparence laiteuse qui m'avait mis en défiance.

Les habitants du kraâl, qui n'avaient pour la plupart jamais entendu ou vu d'armes à feu, restèrent stupéfaits d'étonnement lorsqu'après l'explosion de mon fusil, ils virent tomber un charmant guêpier qui était venu imprudemment se poser à portée de mon fusil. *L'homme blanc, qui avait produit ce tonnerre et tué à la fois un oiseau*, devint un objet de curiosité, d'admiration et aussi probablement de crainte pour la horde entière.

La vue d'un télescope que je braquais sur le point de l'horizon où allait disparaître le soleil, les mit en alerte. S'imaginant que j'allais tirer sur l'astre du jour, ils se demandaient sans doute quel phénomène allait se produire, et quand ils me virent replier mon instrument et le mettre sous mon bras, ils se montrèrent à la fois désappointés et rassurés.

J'ai déjà parlé de la taille du Namaquois qui, bien que fort au-dessus de la moyenne des autres indigènes et même de la plupart des peuples civilisés ou sauvages des autres parties du monde, n'a cependant rien de véritablement remarquable, bien que leurs petits os, leur air fluet, leurs jambes minces et grêles, leurs légers manteaux qui des épaules descendent jusqu'à terre, les fassent paraître beaucoup plus grands qu'ils ne le sont réellement et leur donnent un aspect très singulier ; en effet, à voir ces corps frêles comme des tiges d'arbres, on dirait des hommes passés à la filière.

Moins foncés en couleur que les Cafres, ils ont un visage plus agréable que les autres Hottentots, parce que le nez est moins écrasé et la pommette des joues moins proéminente. Leur air flegmatique et impassible leur donne de plus un caractère particulier auquel il est impossible de se méprendre.

Leur kross ne diffère en rien pour la forme du manteau hottentot; il est seulement plus long. Ceux d'entre eux qui sont assez adroits et assez heureux pour tuer suffisamment de hyènes, de chacals ou d'isatis, sont très fiers de faire un kross avec les peaux de ces animaux. Les ornements qu'ils y ajoutent consistent en verroteries transparentes et de diverses couleurs, qu'ils se procurent par des échanges avec des peuplades voisines, lesquelles ne les ont elles-mêmes que de seconde main. Originairement elles venaient des noirs qui habitent les côtes de la mer des Indes et qui les fabriquaient eux-mêmes. Aujourd'hui la majeure partie est d'importation européenne.

Selon l'usage à peu près général des indigènes de l'Afrique méridionale, les grands Namaquois s'enduisent les cheveux d'une épaisse couche de graisse mêlée, non pas, comme les petits Namaquois, de terre rouge, mais de différentes poudres de bois odoriférant. Un assez grand nombre d'entre eux se tatouent le visage, les bras et même le corps.

Ils n'ont ni doctrines, ni pratiques religieuses. Leur unique loi consiste à ne pas faire de mal à ceux qui ne leur en font pas; mais à se venger, toutes les fois que cela leur est possible, de tout le mal qui leur est fait. Leurs traditions touchant l'origine et le passé de leur race sont complètement nulles. Ils n'ont aucun goût pour la guerre, ce qui ne les empêche pas de manier fort bien la sagaie, de tirer de l'arc avec une grande sûreté de coup d'œil et de main, d'empoisonner leurs flèches et de dresser d'excellents bœufs de guerre.

Ils apportent moins d'empressement et de passion à la danse que les autres sauvages, et, en revanche, ils se plaisent aux longs récits. Je les ai vus entourer le même conteur pendant une journée entière, sans que celui-ci se fatiguât de parler.

Ils ont aussi une certaine quantité de ces sortes de divertissements connus chez nous sous le nom de jeux innocents; mais ils donnent la préférence à celui qu'ils appellent *le tigre et les agneaux*.

Malheureusement, à ces divertissements inoffensifs ils joignent plusieurs jeux de hasard pour lesquels ils se passionnent au point d'exposer et de perdre tout ce qu'ils possèdent.

On parle beaucoup des Namaquois dans les colonies hollandaises, mais leur nom seul y est connu. Quant à leur personne et à leur pays, les fables les plus invraisemblables ont cours; on vante notamment les abondantes mines d'or et d'argent qui gisent dans leurs montagnes et dont je n'ai trouvé nulles traces.

Les seules richesses que j'y ai découvertes — et si à mes yeux elles ont une grande importance, elles n'en ont guère pour les colons, — ce sont les animaux de toutes sortes et surtout les insectes qui y abondent.

Au sujet de ces insectes, je dois rapporter une petite aventure dont je ne perdrai jamais le souvenir.

Un jour que j'étais occupé à examiner très attentivement un superbe scarabée qu'une femme de la horde venait de m'apporter, je me sentis tout à coup la figure inondée par une liqueur caustique à odeur d'alcali très fort. Cet arrosement fut accompagné d'une espèce d'explosion assez considérable pour être entendue à quelque distance.

Je reçus malheureusement de cette liqueur dans un œil, ce qui me causa une douleur si insupportable pendant plusieurs jours, que je craignis de perdre l'œil. Sur toutes les parties du visage qui avaient été atteintes, j'éprouvai la douleur qu'occasionne une brûlure, et la peau prit une teinte de brun foncé qui ne s'effaça que peu à peu, très lentement.

Cet effet est produit dans une proportion infiniment moindre par le bupreste d'un beau vert doré, si commun dans nos jardins d'Europe. Mais comme celui dont il est ici question est beaucoup plus gros et qu'il habite un pays plus chaud, la liqueur est plus abondante, plus caustique, et la brûlure bien plus pénétrante.

Parmi les chenilles aussi variées que nombreuses que j'eus occasion d'observer, je dois signaler une espèce vraiment dangereuse. Toutefois, cet insecte, qui a deux pouces et demi de long, n'est venimeux qu'autant que la plante qui la nourrit l'est elle-même. En ce cas, elles fournissent aux Namaquois un excellent poison pour leurs flèches.

Outre ce venin, ils emploient encore au même objet celui de certains serpents, notamment du *koopercapeel*, du *paf-adder* et du *hoorens-manedje*, ou *serpent cornu* ou à *aigrette*. Bien que ce dernier soit le plus petit des trois — il ne mesure jamais plus de quinze à dix-huit pouces, — il est le plus dangereux.

Tous les sauvages ont fort bien observé que le venin du serpent est enfermé tout entier dans les vésicules de la mâchoire; c'est là qu'ils le prennent et non en pilant le serpent entier, comme on l'a prétendu. De plus, les nègres savent si bien que le serpent le plus venimeux a une chair saine, que certains d'entre eux estiment comme un régal de roi cette chair, qu'ils font cuire après avoir simplement enlevé la tête du reptile.

.... A mesure que nous avancions, les difficultés grandissaient autour de nous.

Mes Hottentots étaient sur les dents. Accoutumés au climat tempéré du Cap, ces hommes, naturellement indolents et lâches, ne pouvaient supporter les chaleurs brûlantes de la zone torride à laquelle nous touchions.

Eux qui, pendant mon premier voyage, fournissaient quelquefois des marches de douze heures, se trouvaient maintenant anéantis après une étape de six heures. C'était particulièrement de la soif qu'ils se plaignaient. En vain je les exhortais à user du remède que j'avais découvert ; c'est-à-dire à ne jamais boire beaucoup et à se contenter de laper de temps en temps un peu d'eau, ce qui suffit pour humecter les glandes salivaires et tenir la bouche fraîche. Leur opiniâtre ignorance ne voulait rien entendre. Dès qu'ils trouvaient de l'eau, ils s'en remplissaient l'estomac jusqu'à perdre haleine, s'imaginant boire ainsi en même temps pour la soif présente et pour la soif à venir.

Ils ne voulaient pas reconnaître que cette masse liquide, après avoir pesé sur leur estomac et alourdi leurs mouvements, provoquait bientôt des sueurs abondantes, qui les affaiblissaient et amenaient un relâchement général, dont ils attribuaient à tort la cause au climat.

D'ailleurs, les eaux, étant presque toujours saumâtres, leur donnaient des diarrhées qu'ils perpétuaient eux-mêmes par leur obstination.

D'autres inquiétudes allaient se joindre bientôt à ces justes sujets d'alarme.

Ainsi un jour, m'approchant d'une horde de Koraquois, que nous devions croire amie, puisque plusieurs de ses membres étaient déjà parmi nous, nous nous vîmes tout à coup entourés d'hommes furieux, qui, se querellant, s'injuriant, faisaient tous leurs efforts pour m'amener chacun dans son parti.

Tous parlaient à la fois, tous cherchaient à couvrir la voix de leurs camarades par la leur. C'était un vacarme affreux, et, au milieu de tout ce tapage, les yeux étincelaient de fureur, et de toutes parts on se menaçait.

J'eus quelque peine à me rendre compte de ce qui se passait.

Je compris enfin que, le chef venant de mourir, il s'agissait d'un candidat que les uns soutenaient et que les autres repoussaient. Beaucoup de sang avait déjà coulé, les haines s'étaient envenimées, et on ne pouvait prévoir quand et comment la question serait résolue.

J'avoue que cette petite guerre intime entre sauvages me parut intéressante à observer, et que je fus séduit par la pensée que je pouvais y jouer le rôle non seulement de conciliateur, mais celui de fondateur ou restaurateur d'un petit Etat.

J'avais appris, par mon interprète, que le chef mort avait laissé plusieurs fils en âge de lui succéder, lesquels avaient été mis à l'écart, bien que le père eût certainement bien mérité de la horde et qu'eux-mêmes eussent des titres à l'amitié et à l'estime générales. Le principe habituel d'hérédité en vigueur chez les Africains, me dictait la conduite à tenir; toutefois la prudence m'ordonnait d'attendre les événements pour prendre un parti.

Cependant, entouré de cette multitude en fureur, je marchais tranquillement à pied, sans armes, sans aucune précaution de sûreté, et, en arrivant au kraâl, je fis, sans délai, dresser mon camp, comme si j'eusse été au milieu de parents et d'amis.

Tout cet appareil élevé subitement et comme par magie sous les yeux de la horde, ces tentes, ces fusils, ces chevaux, tous ces objets enfin nouveaux pour elle, la frappaient d'admiration : hommes, femmes, enfants, tous immobiles et la bouche béante, regardaient dans un profond silence. La colère et les passions violentes avaient fait place à des mouvements plus tranquilles. C'était justement ce que je désirais, et je ne songeai plus qu'à prolonger la situation pour en profiter.

L'enfance est naturellement curieuse; tout ce qu'elle voit la frappe, et le sauvage, je l'ai déjà dit, n'est, sous ce rapport comme sous beaucoup d'autres, qu'un grand enfant. Ceux-ci paraissant désirer voir de plus près ce qu'ils admiraient, je me prêtai avec complaisance à leur empressement. Tout fut visité, examiné, manié. Ma personne surtout était l'objet d'une curiosité singulière. On ne se lassait pas de regarder mon habillement ; on m'ôtait mon chapeau pour mieux examiner mes cheveux et ma barbe qui étaient longs au lieu d'être crépus, et, dans la surprise où on était de trouver ma peau blanche, chacun me palpait comme pour s'assurer que ce qu'il voyait était véritable.

Cette comédie dura jusqu'au soir. Quand le moment de se séparer fut venu, je fis insinuer à toute la horde que si le lendemain matin, deux heures après le lever du soleil, on ne s'était pas accordé pour choisir un chef, je la quitterais à l'instant même. J'ajoutai que si on venait me présenter un chef élu du consentement général, non seulement je le comblerais de présents, mais que je lui donnerais une distinction qui l'élèverait au-dessus de tous ses pareils et rendrait la horde une des plus célèbres de toute la contrée.

Quelle ne fut pas ma surprise en apprenant, le soir même, que c'était sur ma tête que venait de s'appesantir la couronne! Epouvanté en apparence de ce coup de foudre, j'en tirai parti pour rétablir l'ordre et le calme. Je consentis, non à régner moi-même, mais à donner à mes nouveaux amis, s'ils consentaient à accepter son autorité, le chef vraiment digne de les conduire et de les rendre heureux.

J'avais pris secrètement mes informations ; je savais que le candidat qui avait réuni le plus de suffrages était un certain Haripa, et ce fut Haripa que je proclamai. Il fut accepté avec acclamations.

C'était un homme d'une quarantaine d'années, grand, bien fait, très fort, adroit, et par conséquent destiné par la nature à dominer la tourbe des faibles....

Après m'être assuré que ce choix ne rencontrait aucune opposition, je fis un signe à Klaas, qui s'avança, tenant à la main un des bonnets de grenadiers que m'avait donnés le colonel Gordon. L'étoffe en avait été bien époussetée, la plaque bien astiquée, et le lion de Hollande, avec ses sept flèches dans une patte et son sabre nu dans l'autre, semblait en vérité avoir été fait exprès pour symboliser l'autorité d'un chef du désert africain.

Mes sauvages demeurèrent fermement convaincus que j'avais, au moyen de quelque puissant enchantement, fabriqué cette brillante coiffure à leur intention pendant la nuit. Je la remis au nouveau chef en manière d'investiture, et il la reçut avec une sorte de fierté craintive et respectueuse à la fois qui me causa une assez vive émotion ; peu s'en fallut que je prisse en ce moment mon rôle au sérieux.

Quand le cérémonial que j'avais réglé fut achevé, je présentai un miroir à Haripa afin qu'il pût juger par lui-même de l'éclat de sa majesté, et ce dernier trait ajouta encore à son prestige. Malgré sa gravité de commande, Haripa poussa un cri de joie qui fut le signal d'acclamations et d'applaudissements sans fin.

La concorde était rétablie, l'allégresse était générale, les danses commencèrent ; on tua pour un grand festin beaucoup de moutons et même deux bœufs, munificence dont je n'ai été témoin que cette unique fois dans mes voyages.

.... Je n'ai vu nulle part une aussi belle race de chèvres que chez les Koraquois. J'en achetai plusieurs qui furent ajoutées à mon troupeau ; j'achetai également vingt-un bœufs pour remonter mes chariots ; je payai le tout avec quelques verroteries et quelques clous plus ou moins grands.

On n'a pas idée de l'empressement avec lequel les sauvages recherchent le plus petit morceau de fer, afin d'en armer la pointe de leurs sagaies et de leurs flèches. Malgré leur goût excessif pour la parure, ils font bien moins de cas des verroteries et des objets de cuivre qui leur servent d'ornements ; je suis convaincu que, pour le fer d'une des roues de mes chariots, j'aurais eu un troupeau de cent bœufs.

Pendant mon séjour à la horde, j'entendis parler d'une nation brave et guerrière, voisine des Boshjesman de l'est, et que souvent l'on confond avec eux, bien qu'elle en diffère par les inclinations, le langage et les mœurs. Ce sont les Houzouanas, peuplade nomade qui, se portant dans ses émigrations d'une mer à l'autre, ferme pour ainsi dire cette partie de l'Afrique et la barre dans sa largeur.

Un peuple si différent de ceux que j'avais vus jusque-là méritait d'être connu. Mon dessein était de lier amitié avec lui, et cette amitié m'était absolument nécessaire, soit que, retournant à mon camp, je voulusse reprendre ma route, soit que je revinsse au Cap pour recommencer en entier mon voyage.

Haripa voulut absolument me donner des guides, que j'acceptai. Notre première halte se fit à cinq lieues de la horde, sur les bords d'une rivière appelée rivière du Poisson, et qui, d'après les Koraquois, sert d'aiguade à de nombreux rhinocéros.

J'avais remarqué, dans le court espace que nous avions parcouru, un grand changement de productions et d'aspect. J'étais entouré de plantes et je voyais des animaux tout différents; ce qui me prouva une fois de plus qu'il est des végétaux et des animaux auxquels la nature attribue certains climats exclusivement à d'autres; ils croissent et vivent là et non ailleurs. Ainsi, par exemple, je n'ai commencé à trouver des girafes qu'au 28° degré de latitude, et ce n'est que sous le 25° que j'ai trouvé une espèce d'âne sauvage de couleur isabelle.

Cet animal, que les grands Namaquois nomment *zèbre blanc*, est réellement un âne et non un zèbre, sa robe parfaitement unie n'ayant aucune des raies caractéristiques du zèbre. Aucun animal dans l'Afrique entière n'est aussi défiant, aussi farouche, aussi sauvage. De toutes parts ils se montraient en troupes, et cependant je n'ai jamais pu en approcher un assez près pour pouvoir le tirer, et si je n'avais pas trouvé à en acheter une peau dans une horde, où elle couvrait une hutte, je n'aurais pu en avoir le moindre spécimen. Je l'aurais d'autant plus regretté que cette dépouille m'a servi à établir les trois espèces très distinctes d'ânes qui vivent au sud de l'Afrique, le *zèbre*, le *kwagga* (1) et celui dont je viens de parler.

(1) Au Cap, on appelle *streep-exel* (*âne rouge*) le zèbre, et *wilde-paard* (*cheval sauvage*) le kwagga. On y confond du reste volontiers ces deux espèces. L'*âne blanc* que signale Le Vaillant paraît n'y être pas connu.

Le kwagga est beaucoup plus petit que le zèbre; son cri se rapproche beaucoup de l'aboiement d'un chien; celui du zèbre rappelle le bruit d'une pierre lancée avec force sur la glace.

Rebuté par l'inutilité de ma chasse aux ânes blancs, je me dédommageai sur les oiseaux innombrables que m'offrait cette contrée, où pour la première fois retentissait le bruit d'une arme à feu.

Plantes, oiseaux, quadrupèdes, presque tous les objets enfin, jusqu'aux sites et à la forme des montagnes, tout était nouveau pour moi. Partout la terre était couverte de fleurs magnifiques, et partout je voyais voltiger sur ce parterre rustique et brillant une foule de petits volatiles du genre des suciers qui, parés des plus brillantes couleurs, venaient en sucer le nectar et semblaient eux-mêmes autant de fleurs vivantes.

Les sucs odorants dont ils se nourrissent, se transformant en leur substance, leur communiquent un parfum d'ambroisie qui me faisait regretter d'avoir à les placer un jour dans mon cabinet avec ces oiseaux qui, ne s'étant nourris que de corps morts ou de chenilles et d'insectes, sont imprégnés de leur répugnante odeur.

Quant au grand et petit gibier, il était, en proportion, aussi multiplié, et je ne crains pas d'avancer que le canton eût suffi pour nourrir avec profusion une armée de deux mille hommes.

Toutefois les rhinocéros annoncés semblaient s'être donné le mot pour ne point se montrer. Klaas en découvrit enfin deux, et aussitôt je mis sur pied tout mon monde, ainsi que mes chiens. Nous fîmes un grand détour et prîmes toute espèce de précautions pour ne pas les effaroucher.

L'un d'eux était beaucoup plus gros que l'autre, et je les crus mâle et femelle. Immobiles à côté l'un de l'autre, et, selon la coutume de ces animaux, quand ils sont arrêtés, de se placer dans la direction du vent, afin d'être avertis par l'odorat des ennemis qu'ils ont à craindre, ils nous tournaient la croupe.

J'allais donner le signal de l'attaque, lorsqu'un de mes Hottentots, ce Joncker dont j'ai déjà parlé, me demanda instamment de lui permettre de s'avancer seul, en *bekruiper*, vers les deux bêtes.

Curieux d'assister à un spectacle aussi nouveau pour moi, j'y consentis, et après avoir quitté tous ses vêtements, il partit en emportant son fusil et en rampant sur le ventre comme un serpent.... Au moyen d'une lorgnette, je suivais tous ses mouvements; son traînage avec toutes ses interruptions dura plus d'une heure. Enfin, je le vis se diriger vers une grosse touffe d'euphorbe, qui formait un buisson à deux cents pas au plus des rhinocéros. Arrivé à cet abri, il se releva, et, après avoir jeté un regard rapide autour de lui pour voir si ses camarades étaient tous à leurs postes, il s'apprêta à tirer.

J'ai rarement éprouvé une émotion aussi vive qu'à ce moment : inquiétude mortelle pour Joncker, et ardent désir d'être à sa place ou au moins auprès de lui, afin d'abattre aussi un de ces farouches animaux !...

Cependant Joncker ne tirait pas.... Il attendait, je le sus ensuite, qu'un mouvement d'un des deux rhinocéros lui permît de le viser à la tête.

La détonation se fit enfin entendre, et un cri effroyable, le cri de l'animal blessé, nous fit tous frissonner malgré nous. Affolé par la douleur et la rage, le rhinocéros, suivi par sa femelle non moins furieuse, courut vers le lieu d'où était partie la balle qui l'avait frappé.

.... Déjà je m'attendais à voir les deux monstres broyer le massif et écraser leur ennemi sous leurs pieds. Il n'en fut rien, Joncker s'était couché à plat par terre, et ils passèrent à ses côtés sans le voir. Je m'apprêtai à les recevoir.

Mes chiens se démenaient si furieusement que je dus les détacher. Ils s'élancèrent bravement en avant. Les rhinocéros firent aussitôt un crochet, et allèrent donner dans des embuscades où ils reçurent deux nouveaux coups de feu.

Les chiens, sur leurs talons, les harcelaient à outrance. De plus en plus furieux, ils détachaient contre eux des ruades terribles; ils labouraient la plaine avec leurs cornes, et, en y creusant des sillons de sept à huit pouces de profondeur, ils lançaient autour d'eux une grêle de terre et de cailloux.

Pendant ce temps, nous resserrions notre cercle, de façon à pouvoir tourner contre eux toutes nos forces. Cette multitude d'ennemis dont ils se voyaient entourés les mit dans une rage inexprimable. Tout à coup le mâle s'arrêta, et cessant de fuir devant les chiens, il leur fit face et se tourna contre eux pour les éventrer; mais tandis qu'il les poursuivait, la femelle se détacha de lui et gagna au large.

Cette fuite nous fut très favorable. Mes chiens, cruellement blessés, étaient tous couverts de sang; il était temps d'en finir.

Changeant de tactique quand il se vit seul, le rhinocéros recula dans le but évident de gagner quelque buisson pour s'y appuyer; je ne lui en donnai pas le temps. M'élançant avec deux de mes chasseurs entre lui et l'abri qu'il cherchait, je m'en emparai avant lui; le visant alors tous les trois, nous lui lâchâmes nos trois coups à la fois : il tomba comme une masse....

Comme chasseur et comme naturaliste, je fus pénétré à cette chute du sentiment d'un double triomphe.

La bête cependant n'était pas complètement morte, et je me disposais à lui donner, selon l'usage européen, le coup de grâce, afin de ne pas prolonger inutilement les souffrances de son agonie; mais tous mes compagnons me supplièrent de ne pas les priver ainsi de la panacée merveilleuse avec laquelle ils comptaient augmenter pour un long temps leurs forces vitales.

Aussitôt que l'animal eut rendu le dernier soupir, ils s'approchèrent de lui avec ardeur dans le dessein de faire leurs provisions. A cet effet, ils lui ouvrirent le ventre, prirent sa vessie qu'ils vidèrent; puis, tandis que l'un d'eux l'appliquait successivement à l'ouverture de chacune des plaies, les autres secouaient violemment une cuisse et une jambe du mort, afin de faciliter par ce mouvement la sortie du sang. Bientôt, à leur grande joie, la vessie fut pleine, et je suis persuadé qu'avec ce qui fut perdu, on aurait pu en remplir vingt.

Quand je m'approchai à mon tour pour mesurer l'animal, je

constatai une hauteur de sept pieds cinq pouces, et une longueur, depuis le museau jusqu'à la naissance de la queue, de onze pieds six pouces. Mes compagnons m'assurèrent que c'était la plus grande taille à laquelle parvient un rhinocéros. Cependant, soit qu'il fût encore trop jeune, soit pour toute autre cause, sa principale corne n'avait guère plus de dix-neuf pouces, dimension qui est souvent dépassée de beaucoup. Bien que la chair du rhinocéros soit loin de valoir celle de l'hippopotame, elle est cependant

Rhinocéros.

fort supérieure à celle de l'éléphant. Aussi mes gens s'empressèrent-ils de s'en régaler et d'en faire provision.

Pour moi, bientôt j'oubliai presque les émotions et le triomphe de cette chasse magnifique, pour m'absorber dans la contemplation de la nature et surtout des oiseaux, mes animaux favoris, qui semblaient se multiplier à mesure que nous avancions.

.... La première horde que nous rencontrâmes fut celle des *Kabobiquois*, qui, prévenus de mon arrivée, m'attendaient avec une curiosité et une impatience joyeuses qui m'amusèrent beaucoup. Ce qu'on leur avait raconté à mon sujet portait le caractère de l'enthousiasme le plus exagéré, et leur imagination avait enchéri encore sur ces extravagances. Cet homme blanc, ces fusils, ces instruments, toutes ces choses qu'ils n'avaient jamais vues, leur avaient tourné la tête, et le retard de mon arrivée était pour eux un tourment....

Inutile de dire que l'accueil qui me fut fait fut exactement le même que celui que j'avais reçu dans la horde précédente ; je devins l'objet du même empressement, du même examen, je pourrais presque dire de la même obsession. Toutefois, et tandis que la foule se pâmait d'admiration, les petits enfants, transis de peur, se cachaient derrière leurs mères. Si j'essayais d'en prendre quelqu'un pour le caresser, il jetait les hauts cris, comme ferait en Europe un enfant qui, pour la première fois, verrait un nègre.

En me prêtant complaisamment à tous les empressements dont j'étais l'objet, je devins bientôt l'ami de tout le monde.... Il en a été ainsi, du reste, des différentes peuplades que j'ai visitées. Je crois avoir laissé chez toutes une opinion favorable des blancs. C'est un service rendu aux curieux dont j'ai été le précurseur, et j'en serai amplement récompensé si j'ai pu ainsi leur être utile et surtout s'ils n'en abusent pas.

.... J'eusse fort désiré interroger les gens de la horde sur leurs mœurs, leurs croyances, leurs usages ; malheureusement la difficulté de comprendre et de me faire comprendre, croissait à mesure que j'avançais dans le pays.

Les Kabobiquois ont une langue particulière, qui n'était entendue dans mon entourage que par les Koraquois, lesquels, à peine compris par les Namaquois, ne l'étaient plus du tout par mes Hottentots. De là, la nécessité d'employer plusieurs truchements, et l'inconvénient d'arriver à des explications toujours très embrouillées et souvent même complètement dénaturées.

De toutes les hordes que j'avais déjà visitées, aucune ne m'avait paru aussi recherchée dans ses ornements et ses atours que les Kabobiquois, et cependant, je ne voyais point parmi ces parures les rassades et les verroteries du Cap ; ce qui prouvait que le commerce de ces marchandises n'arrivait point jusque-là.

Tous les bijoux étaient en cuivre, tous les ornements en ces sortes de verroteries oblongues dont j'ai déjà parlé, tout cela leur était apporté par des noirs, dont ils ne connaissaient pas la langue, et qui étaient méchants, voleurs. Les marchés avec eux se terminaient rarement sans violences et sans batailles, parce que, au moment du départ, et après avoir touché l'équivalent commercial de leurs marchandises, ils cherchaient à enlever celles-ci, et souvent même les bestiaux de la horde.

Les objets de traite que j'avais en ce genre, étant donc inconnus, ne pouvaient manquer, avec ce mérite de nouveauté, de plaire beaucoup. A peine en eus-je montré quelques-uns que tout le monde voulut en avoir. Les femmes surtout ne se possédaient plus ; on jugera de l'empressement général quand j'aurai dit que dans une seule journée je fis, presque pour rien, l'acquisition de vingt bœufs.... Le marché le plus avantageux que je conclus fut celui d'un bakely-os (bœuf de guerre) qui appartenait au chef.

Les Kabobiquois n'ont pas le nez écrasé des Hottentots, ni les pommettes des joues élevées comme eux, ni enfin cette couleur indécise de peau qui, n'étant ni blanche ni noire, les rend étrangers et presque odieux aux deux races. Ils ne s'enduisent pas le corps de ces graisses dégoûtantes, qui font qu'on ne peut les approcher sans se gâter et s'empuanter. Aussi grands que le Cafre pour la taille, ils sont d'un noir aussi décidé que lui.... Leurs cheveux, fort courts et fort crépus, sont garnis de petits boutons de cuivre, rangés symétriquement et avec art....

Soit raffinerie de coquetterie, soit effet de sagesse, les Kabobiquoises ne se tatouent point le visage, comme leurs maris et leurs pères. Elles ne garnissent point leurs cheveux de ces boutons de cuivre qu'ils mettent dans les leurs, et toujours elles ont les pieds nus, quoique la plupart d'entre eux portent des sandales.

Leur habillement consiste dans un tablier, qui ne descend qu'à moitié des cuisses ; un kross, qui, passant sous les aisselles, vient s'attacher sur la poitrine, et un long manteau semblable à celui des hommes.

Ce manteau est en peaux garnies de leurs poils, et le kross en peaux tannées et apprêtées comme celles de nos gants d'Europe.

Quant à leurs verroteries, elles les portent en bracelets ; elles en font des colliers, dont les garnitures descendent par étages jusque sur l'estomac, et en attachent sur le devant de leurs ceintures plusieurs rangées qui tombent sur les cuisses, au-dessous du tablier.

Mes verroteries, je l'ai dit, les enchantèrent; mais quand j'eus montré des oiseaux et des aiguilles, elles préférèrent ces derniers objets : choix qui fait honneur à leur bon sens. Comme leurs chefs, elles prisaient plus ce qui est utile que ce qui pare.

Ce n'était point assez de leur avoir donné des aiguilles, il fallait encore leur apprendre à s'en servir. C'est ce que je fis, et bientôt elles réussirent assez bien à joindre deux morceaux de peau ensemble. Elles employaient, à cet effet, un petit fil de boyaux, en usage dans la peuplade, et ce procédé leur paraissait plus expéditif, plus solide et plus propre que celui dont se servent en pareil cas les sauvages, et qui consiste à percer le cuir avec une arête ou un os pointu, pour passer ensuite le fil dans le trou.

Depuis mon retour dans les pays civilisés, je n'ai jamais vu une femme coudre sans penser à mes Kabobiquoises. Et, en y réfléchissant, je me suis repenti de leur avoir enseigné un art dont la privation n'a dû leur laisser que des regrets.

.... Avec des inclinations nobles, le Kabobiquois a encore le caractère guerrier; ses armes sont des flèches empoisonnées et une lance à long fer, différente de la sagaie hottentote. Dans le combat, il a pour armes défensives deux boucliers, l'un fort grand et assez haut pour couvrir le combattant en entier, l'autre beaucoup plus petit. Tous deux sont faits en peau assez épaisse pour n'être point pénétrés par les flèches. Par leurs ornements et leurs enjolivements, ces boucliers sont, pour les hommes, l'objet d'un très grand luxe.

Quelque dangereuse que soit l'attaque des éléphants et des rhinocéros, les Kabobiquois n'exercent cependant que rarement leur courage contre eux, parce que ces animaux, étant purement herbivores, ne menacent point leurs bestiaux. Mais le tigre, le lion et la panthère, étant des ennemis d'un autre genre, ils les poursuivent sans relâche et leur font une guerre à outrance.

Quand on compare ces hommes si hardis, si braves et en même temps si loyaux et si généreux à ces grands Namaquois, qui sans cesse, la main tendue et l'air piteux, mendient tout ce qu'ils voient, on est forcé de se demander d'où provient une semblable différence entre deux peuples d'une même région et placés dans des conditions à peu près semblables.

Les traditions d'assez nombreuses migrations accomplies par cette peuplade pourraient expliquer sa supériorité; mais je préfère l'attribuer à sa bien meilleure organisation.

Ici, en effet, le chef n'est point, comme d'ordinaire dans ces contrées, le premier entre ses égaux; c'est un véritable souverain au milieu de ses sujets, un maître entouré de ses esclaves. Un mot, un geste, un regard lui suffisent pour se faire obéir. Quels que soient ses ordres, jamais on n'y contrevient, et il en est ainsi dans les familles particulières; ce que le chef est pour la horde, chaque père l'est pour les siens. Ses commandements sont absolus, et il exerce chez lui la royauté, tandis qu'ailleurs il y obéit.

.... On ne s'étonnera pas après ce tableau que de toutes les nations africaines que j'ai visitées, ce soit la seule dans laquelle j'ai trouvé quelque idée confuse de Dieu.

.... Elle croit, autant que j'ai pu m'en assurer par l'intermédiaire de mes gens, qu'au-dessus des astres existe un Etre puissant, lequel a créé et gouverne toutes choses. Toutefois, cette croyance n'implique pour eux ni prières, ni sacrifices, ni aucune espèce de culte. Elle n'en a pas moins suffi à élever leur intelligence et à en faire *des hommes* qui, bien qu'à l'état sauvage, seraient partout estimés dignes de porter ce nom.

.... Après avoir quitté la horde, nous avions marché pendant trois heures, dévorés par un soleil brûlant, quand tout à coup l'horizon s'obscurcit et envoya sur nos têtes un orage affreux.

De longs et de fréquents éclairs sillonnaient la nue. Le tonnerre grondait avec fracas et, par leur agitation et l'inquiétude de leurs mouvements, nos animaux annonçaient que la tempête allait être terrible.

Sans perdre de temps, on déchargea les bœufs, on dressa ma tente, on fit des abris avec des peaux et des nattes; enfin tout le monde se mit à l'ouvrage. Mais nos précautions ne nous servirent pas à grand'chose : le vent devint si impétueux qu'aucun de nos abris ne put résister; ma tente fut renversée, et je fus réduit à me blottir sous la toile, tandis que mes gens se garantissaient comme ils pouvaient.

.... La pluie tombait par torrents, et l'averse était telle qu'on eût dit que le continent africain allait être noyé. Et, phénomène bizarre, en même temps qu'il semblait se fondre en eau, les éclairs embrasaient l'atmosphère et mettaient le ciel en feu, pendant que la foudre, éclatant de toutes parts autour de nous, semblait prête à nous frapper.

J'avais vu dans la Cafrerie de violents orages; je connaissais ceux du Cap, si redoutés des matelots et des voyageurs; je n'avais point oublié ceux de Surinam, qui, chaque jour pendant deux mois, s'élevant avec la marée, annoncent la saison de la sécheresse; mais jusqu'alors, je n'en avais point vu qui fussent aussi effrayants.

Pour la première et la seule fois de ma vie, le tonnerre me fit trembler. Il est vrai que pour garantir et préserver ma provision de poudre, je l'avais placée avec moi sous la toile, et qu'en craignant pour nous la chute de la foudre, je la craignais encore pour mon magasin....

Enfin, le tonnerre cessa, bien que la pluie continuât encore; chacun de nous sortit sa tête de dessous ses couvertures. Nous nous cherchâmes du regard, et, surpris de nous retrouver tous vivants, nous nous félicitâmes réciproquement de cette bonne fortune.

Bien loin de se plaindre de l'orage, nos guides Kabobiquois s'en applaudissaient ; accoutumés à en éprouver souvent de pareils et même de plus bruyants encore, et à n'en avoir que le bruit sans profit, ils étaient ravis en pensant que celui-ci allait donner de l'eau à leurs puits et des herbes nouvelles à leurs bestiaux.

Tous mes animaux s'étaient, pendant la tempête, dispersés de côté et d'autre dans la plaine, et ce ne fut pas un petit travail de les rassembler.

Après avoir été si longtemps entravé et arrêté dans ma marche par la sécheresse, j'allais bientôt me trouver empêché de poursuivre ma route par la trop grande abondance d'eau : un torrent débordé nous arrêta, en effet, le troisième jour de notre marche, juste au moment où, à trois lieues d'une seconde horde de Kabobiquois, nous n'avions plus que ce dernier obstacle à vaincre pour y arriver. Nous traversâmes enfin le torrent. La horde était pauvre et peu nombreuse; mais si les troupeaux leur manquaient, en revanche les buffles se trouvaient en si grande abondance dans ce canton, qu'une population cent fois plus considérable n'eût pas risqué d'y être exposée à la famine.

Ce qui occupait tous les esprits et faisait l'objet de toutes les conversations dans le kraâl, c'était justement la peuplade vers laquelle je me dirigeais : le nom des Houzouanas était sur toutes les lèvres, et il ne me fut pas difficile de comprendre que leurs attaques, tranchons le mot, leurs brigandages étaient passés à l'état de légende.

Cette nation active, assurément plus redoutée que redoutable, avait un établissement à une vingtaine de lieues environ vers le nord, et elle occupait la chaîne de montagnes qui du nord s'étendait à l'est.

Le sol ingrat sur lequel elle est répandue l'empêchant de former des peuplades nombreuses et régulières, elle se divise en pelotons plus ou moins considérables, selon les circonstances et les lieux. Mais la même cause la réduisant souvent à une grande disette de vivres, elle fait des incursions sur le territoire de ses voisins et enlève leurs troupeaux.

Ces tribus, vivant de rapines, sont tellement redoutées, leur valeur est si connue, qu'une poignée d'entre eux suffit à mettre en fuite une horde comptant plusieurs centaines d'hommes armés.

Les Kabobiquois eux-mêmes, bien que plus braves que les autres nations d'alentour, n'osaient se mesurer avec eux ; aussi avaient-ils fait récemment, avec l'établissement le plus voisin, un traité par lequel, moyennant un tribut annuel, non seulement la paix, mais encore une alliance défensive leur étaient assurées.

Très satisfait de tous ces renseignements sur un peuple avec lequel je tenais à entrer en relation, il ne me restait qu'à être conduit vers lui ; mais quand je demandai, sinon des guides, du moins des indications précises sur la route à suivre, je ne pus rien obtenir, tant était grande, pour mes hôtes, la crainte de mécontenter leurs terribles alliés en indiquant leur résidence actuelle.

D'autre part, l'imagination de mes compagnons, exaltée par tout ce qu'ils venaient d'entendre, effrayée par la description du désert que nous devions, disait-on, traverser, en un mot, des périls et des souffrances de toutes sortes que ma visite devait me susciter, les rendait peu disposés à s'associer à cette aventure. Je n'avais pas, il est vrai, à lutter encore contre une révolte ouverte ; mais les remontrances qui m'étaient adressées, toutes respectueuses qu'elles étaient, témoignaient d'une si invincible répugnance, que je n'étais pas bien sûr que mon ascendant et mon autorité ne se trouvassent pas compromis à un moment donné.

Dans ma perplexité, je consultai mon fidèle Klaas : « Puisque vous tenez tant, me dit-il, à aller chez les Houzouanas, il faut vous satisfaire. Je n'ai pas besoin de vous dire que je suis prêt à partir à l'instant, et s'il vous faut avec moi quelques hommes de bonne volonté, je puis vous répondre de cinq de mes camarades, sur lesquels vous pouvez compter comme sur moi, c'est-à-dire jusqu'à la mort. Quant aux autres, laissez les libres de faire comme ils l'entendront, et vous verrez que, pour la plupart, ils nous suivront. »

Nous débattîmes ensuite plusieurs autres questions touchant nos plans à venir, et voici à quoi je me décidai : aller avant tout chez les Houzouanas, et de là revenir, sans pousser plus avant, à mon camp de l'Orange, non par la route que j'avais suivie, mais par un autre chemin, qui me donnerait l'occasion de connaître de nouvelles peuplades. Arrivé au camp, je me proposais de reprendre mes équipages, et d'aller, toujours par un chemin différent, les déposer au Cap, afin de commencer, à des époques mieux choisies et seulement avec des bœufs de charge, un troisième voyage que je devais diriger par les contrées à l'est des montagnes du Camis (1).

.... Le lendemain, au point du jour, ma caravane était prête à partir. Pendant la nuit, les grands Namaquois avaient tenu conseil entre eux, et ils s'étaient, comme Klaas l'avait prévu, décidés à me suivre, non par courage ou par zèle, mais par pure poltronnerie et dans la crainte d'être attaqués par les Boshjesman, s'ils retournaient chez eux sans escorte.

Mes Hottentots, qui eussent rougi de se montrer moins braves que les grands Namaquois auxquels ils se croient bien supérieurs, se piquèrent d'affecter plus d'ardeur encore, et leur exemple entraîna le reste de la troupe; Koraquois, Caminouquois, petits Namaquois, gens de la horde de Baster, tous rivalisèrent d'empressement.

Je m'orientai d'après les vagues renseignements que j'avais pu recueillir.

En plus des inconvénients de route dont on m'avait prévenu, il en était un dont on ne m'avait pas parlé : c'était un terrain creux et boursoufflé, semblable à une pâte qui aurait été surprise par un feu trop âpre, et sur lequel nous étions obligés de marcher. Il formait une croûte séparée du sol; la plupart de mes bœufs, et surtout ceux qui étaient trop pesamment chargés, y

(1) Le Vaillant n'a jamais exécuté ce troisième voyage.

enfonçaient à chaque pas d'un demi-pied, et ces chutes continuelles les tourmentaient et les rendaient furieux.

Nous-mêmes, au moment où nous nous y attendions le moins, nous sentions le terrain céder sous nos pieds, et on conçoit quelle fatigue doit occasionner une pareille marche.

A cet inconvénient s'en ajoutait un autre plus désespérant encore, celui d'une cristallisation saline, qui, répandue partout, et frappée par un soleil ardent, produisait une réverbération enflammée qui nous causait une insupportable sensation de brûlure, en même temps qu'elle nous éblouissait par le reflet des rayons. La poussière légère qui la couvrait, et qui en faisait partie, s'élevait autour de nous au moindre coup de vent. Nous-mêmes d'ailleurs, par les mouvements indispensables de notre marche, nous en excitions des nuages épais qui, nous montant au visage, venaient remplir et picoter nos yeux. Obligés de la respirer, nous en avions les narines ulcérées, et nos lèvres en étaient tellement attaquées, qu'au moindre mouvement elles saignaient, au point qu'une phrase à prononcer devenait pour nous une souffrance.

Les douleurs que j'éprouvais en outre au gosier, et la crainte d'en ressentir de plus dangereuses encore, me portèrent à prendre quelques précautions ; non que j'eusse besoin de m'abriter la tête du soleil, mon chapeau rabattu et fortement garni de plumes d'autruches suffisait pour me garantir, mais uniquement pour me procurer une espèce de paravent contre les nuages de poussière qui m'ulcéraient.

A cet effet, je me fabriquai, avec un peu de fil de laiton, un petit parasol que je couvris d'un mouchoir, et qui, assez léger pour ne me fatiguer en aucune manière, me devint très utile. Son usage parut à mes gens d'une telle commodité que, à mon exemple, tous voulurent en avoir....

Une invention plus curieuse, dont tout l'honneur revint à mes compagnons, consista en une grande peau de buffle étendue sur des piquets, qu'ils portaient en guise de dais.

Toutes ces précautions ne nous empêchèrent pas de souffrir

cruellement; nous fûmes tous pris de saignements de nez et de maux de tête intolérables ; la fièvre nous envahit, amenant à sa suite des éblouissements, des vertiges, et enfin un véritable délire par suite duquel les plus décevants mirages se succédaient sous nos yeux, nous montrant tour à tour des maisons, des kraâls, des chariots, des troupeaux, et surtout des eaux abondantes, dont la vue nous causait un supplice d'autant plus intolérable que, dans cette plaine saline, nous ne rencontrâmes et ne pouvions espérer rencontrer que des eaux absolument saumâtres.

Ce supplice avait duré trois jours, lorsque je reconnus enfin la plaine et les montagnes qui m'avaient été désignées. On ne doit pas attacher au mot plaine, que je viens d'employer, le sens qu'il a strictement dans la langue française. En Afrique, on nomme ainsi les espaces de terrains qui, entourés de hautes montagnes, ne sont entrecoupés que par des rochers et des monticules beaucoup moins considérables.

Je fis halte et ordonnai qu'on dressât le camp. J'espérais découvrir pendant la nuit les feux qu'allumeraient les Houzouanas, ce qui me permettrait ensuite de diriger ma marche vers eux. Mais pour être sûr de les rejoindre, il ne fallait pas leur donner l'éveil en allumant nous-mêmes des feux.

Cette abstention était impossible. A mon arrivée, j'avais vu des bandes considérables de zèbres ; j'en avais vu de plus nombreuses encore de gnous, et il n'était pas douteux que cette quantité d'animaux ne dût attirer des carnassiers. Or comment passer une nuit sans feu dans une contrée probablement infestée de bêtes féroces?

Je renonçai donc à mon premier plan, et, la nuit venue, je fis allumer d'assez grands feux, pour nous entourer d'une large zone de lumière; en même temps, et pour tenir les Houzouanas en respect, s'il leur prenait fantaisie de venir nous observer de trop près, je fis faire une décharge générale de mousqueterie, que j'eus soin de faire renouveler de temps en temps.

Pendant la nuit, j'aperçus au loin, vers le sud, un très grand feu qui, par le volume qu'il paraissait avoir malgré son éloignement, me sembla être un embrasement de feuilles sèches sur une hauteur.

Plus près, devant moi, à l'ouest, j'en vis bientôt après trois autres, que je soupçonnai être des signaux, et qui, dans tous les cas, m'annonçaient que j'étais dans le voisinage de quelque peuplade, soit de Houzouanas, soit de toute autre nation. En conséquence, je résolus de me rapprocher des montagnes dès que le jour paraîtrait.

Mais ces patrouilles, ces feux, ces précautions de sûreté que j'avais cru devoir prendre pendant la nuit, au lieu de rassurer mes gens, avaient, en surexcitant leur imagination, réveillé toutes leurs craintes ; jamais les Houzouanas ne leur avaient paru plus redoutables.

La répugnance à marcher en avant était telle que je n'osais heurter de front les mauvais vouloirs ; la journée se passa à parlementer, et la nuit suivante, je dus renouveler mes feux et ma surveillance.

Au point du jour, je pris le parti de laisser Klaas à la garde de la caravane et d'aller à la découverte, accompagné seulement de quelques hommes de bonne volonté. Quatre de mes chasseurs s'offrirent à me suivre, et, armés de toutes pièces, nous partîmes tous les cinq.

Je me dirigeai, aussi directement que les défilés et les ravins me le permirent, vers l'endroit où nous avions remarqué les feux. L'espace que je fus obligé de parcourir, par les circuits forcés que m'imposèrent les inégalités du sol et les aspérités de la montagne, ne m'offrit que des rochers entassés les uns sur les autres et surmontés par des pitons plus élevés. L'aspect en était réellement effrayant, et, sans quelques plantes chétives et rabougries qui, d'espace en espace, montraient leur triste végétation, on n'y eût vu que le tableau désolant d'une nature inanimée et morte. L'horreur de ce lieu sauvage était encore augmentée par le silence qui y régnait ; à de certains intervalles seulement on entendait les cris aigus des damans, ou la voix discordante des oiseaux de proie....

.... Enfin, dans cette solitude désolée, nous apparurent des traces de pas humains. Ces traces étaient toutes récentes; elles conduisaient à des roches que nous escaladâmes, et sur lesquelles nous trouvâmes des cendres chaudes et quelques restes de charbons encore incandescents. Il était évident que nous étions en présence d'un des feux qui avaient attiré notre attention pendant les nuits précédentes.

Nous continuâmes à avancer en redoublant de précautions, et, en arrivant à un ruisseau qui débusquait d'une gorge étroite, nous vîmes paître sur ses bords quelques vaches. A quatre cents pas plus loin, étaient bâties un certain nombre de huttes; c'était un campement de Houzouanas.

Il n'y avait pour le moment au dehors que des femmes qui, à notre vue, poussèrent des cris d'alarme. Aussitôt les hommes sortirent des huttes, armés d'arcs et de flèches, et toute la troupe, s'enfonçant dans la gorge, alla se cantonner sur un tertre, d'où, avec assurance, elle observa nos mouvements avant de se décider elle-même à agir. Dans l'impossibilité de me faire entendre de ces hommes dont je ne connaissais pas la langue, et qui d'ailleurs étaient hors de portée de la voix, je pris le parti de leur exprimer par gestes mes bonnes intentions.

Mes hommes et moi, nous leur adressâmes tous les signes d'amitié que les circonstances nous suggérèrent.

Mais tout expressif qu'il nous parût, ce langage ne sembla pas être compris par eux. Il ne me restait qu'une ressource, celle des cadeaux, et je l'employai sans tarder.

Je m'avançai vers leurs huttes que je trouvai toutes vides, à l'exception d'une seule, dans laquelle était resté un petit chien, et à l'entrée d'une autre était placé un tas de roseaux et de pierres aiguisées, destinés sans nul doute à faire des flèches. A la façon dont on attire un animal domestique par l'appât de quelque friandise, je déposai bien en vue, auprès de ce tas, du tabac et des verroteries, après quoi je revins à mon premier poste.

A peine m'étais-je retiré que quelques-uns d'entre eux, s'approchant des huttes, ramassèrent le présent que j'avais laissé.

L'attention avec laquelle ils l'examinèrent, l'empressement qu'ils mirent à rejoindre leurs compagnons pour le leur montrer, et la joie que tous manifestèrent, me firent penser qu'après ces préliminaires d'amitié, je pouvais les aborder sans crainte.

Toutefois, à mesure que j'avançais, ils se retiraient, mais sans faire de démonstrations hostiles; je remarquai même que leur retraite devenait de plus en plus lente. Il fallait en finir. Je déposai un nouveau présent de tabac et de verroterie, et, le leur faisant voir, je marchai seul vers eux.

Ce mode de négociation me réussit : un homme se détacha de la bande et s'approcha de moi, à une centaine de pas de distance, pour me demander qui j'étais et ce que je voulais.

J'avais remarqué avec surprise que cet homme était noir, tandis que tout le reste de la horde, hommes et femmes, était moins foncé en couleur que les Hottentots; mais ce qui m'étonna bien davantage, ce fut de m'entendre questionner en hottentot.

Je répondis dans la même langue que j'étais un voyageur qui avait voulu connaître la contrée, et qui désirait, si c'était possible, y trouver des amis.

Alors il vint à moi. Mes quatre camarades s'approchèrent également, et ils ne furent pas moins étonnés que moi de voir un homme de leur nation.

Ils entamèrent conversation avec lui, l'assurèrent de la vérité de mes paroles, et gagnèrent tellement sa confiance, qu'à l'instant il engagea par un signe ses camarades à venir nous rejoindre.

Les femmes, plus circonspectes ou plus timides, restèrent groupées à mi-chemin, attendant le résultat de la conférence; mais les hommes accoururent tous. Je distribuai entre eux le tabac et les verroteries que je leur avais montrés, et ces loups, qu'on s'était plu à me dépeindre si féroces, ne furent plus pour moi que des moutons.

Mais au moment où je venais ainsi de les apprivoiser, il fallut me séparer d'eux; la journée était fort avancée, et je craignais, en restant davantage, d'alarmer mes gens.

J'annonçai aux Houzouanas que le lendemain je reviendrais camper sur le bord de leur ruisseau; je leur donnai toute espèce d'assurances d'amitié, leur promettant des cadeaux bien plus considérables que ceux que je venais de leur faire, tout cela, bien entendu, par l'entremise du Hottentot qui m'avait reçu le premier et qui, ravi de sentir si près de lui des compatriotes avec lesquels il pourrait parler sa langue maternelle, m'offrit de me servir de guide pour retourner à mon camp, d'y passer la nuit avec nous et de nous ramener le lendemain au ruisseau.

J'acceptai avec empressement son offre, et mon premier soin, aussitôt en route, fut de l'interroger sur l'aventure qui l'avait transplanté chez les Houzouanas.

Il me conta que, né dans les environs du Camis, il avait été pendant longtemps sujet de la Compagnie hollandaise; mais qu'ayant éprouvé de mauvais traitements et des injustices, il avait déserté avec un nègre esclave; après bien des courses, il était venu chercher asile dans la horde d'Houzouanas où nous l'avions trouvé, et dont par ses services et son courage il était devenu le chef.

Je ne pus m'empêcher de lui dire que je m'étonnais qu'appartenant à une race naturellement honnête et paisible, il se fût joint volontairement à une nation dont la profession était le brigandage et le meurtre.

« Les Houzouanas, me répondit-il, ne sont point, comme on vous l'a persuadé, meurtriers par profession. Si quelquefois ils versent le sang, ce n'est point la soif du carnage, mais une légitime représaille qui leur met les armes à la main. Attaqués et poursuivis par les autres nations, ils se sont vus réduits à fuir dans des lieux inaccessibles, dans des montagnes stériles, où eux seuls peuvent vivre.

» S'ils trouvent à tuer des gazelles ou des damans, si les nymphes des fourmis sont abondantes, si leur bonne fortune leur amène beaucoup de sauterelles, alors ils restent dans l'enceinte de leurs rochers.

» Mais si la subsistance vient à leur manquer, malheur aux

nations voisines! Du haut de leurs montagnes, ils promènent au loin les yeux sur les contrées d'alentour. Y aperçoivent-ils des troupeaux, ils vont les enlever ou en égorger une partie sur place selon les circonstances. Mais jamais ils ne tuent d'êtres humains que pour défendre leur vie ou pour venger d'anciennes injures.

» Quelquefois, cependant, il arrive qu'après des courses très fatigantes, ils reviennent sans butin, soit parce qu'ils ont été repoussés, soit parce que la proie a disparu. Alors les femmes, exaspérées par la faim et par les cris de leurs enfants que le besoin fait pleurer, entrent en fureur. Reproches, injures, menaces, rien n'est épargné. On demande à se séparer; on veut quitter des maris sans courage, et en chercher d'autres qui aient l'industrie de nourrir leurs enfants et leurs femmes.... Devenus furieux à leur tour, les hommes coiffent leur bonnet de guerre, sorte de casque fait avec la nuque de l'hyène dont le poil forme sur leur tête une sorte de crinière flottante; ils partent comme des forcenés, et ne reviennent que quand ils ont enlevé quelques troupeaux.

» A leur retour, les femmes viennent au-devant d'eux; elles les comblent de caresses et exaltent leur courage. Enfin on ne songe qu'à se divertir, et l'on oublie les maux passés jusqu'à ce que de nouveaux besoins ramènent les mêmes scènes. »

.... Quand nous rejoignîmes le camp, la vue de notre nouveau compagnon causa une profonde stupeur; s'il fût tout à coup tombé des nues, il n'eût point, je pense, produit plus d'étonnement. Chacun voulut savoir par quelles aventures singulières il se trouvait si loin de son pays natal; on ne lui laissa pas même de relâche pendant la nuit. Les curieux ne le quittèrent point, et, après l'avoir régalé, ils employèrent tout leur temps, jusqu'au moment du départ, à le questionner et à l'entendre.

Le lendemain, j'allai, comme je l'avais annoncé, dresser ma tente sur le bord du ruisseau, et si le retour du Hottentot rassura les Houzouanas, tout ce qu'il leur dit de moi leur inspira la plus grande confiance.

A peine fus-je établi qu'ils vinrent tous me visiter avec amitié ; on eût dit qu'un sentiment de fraternité nous unissait déjà depuis longtemps ; mais il n'en fut pas de même de ma troupe. Ce nom d'Houzouanas avait frappé les esprits d'une telle épouvante, les préventions contre ce peuple étaient si profondément enracinées, qu'on ne le voyait qu'avec horreur et effroi, et jusqu'au moment où nous le quittâmes, il en fut toujours ainsi.

Telle avait été, à mon premier voyage, l'épouvante qu'on avait conçue des Cafres ; telle fut celle qu'au second inspirèrent les Houzouanas, et je n'espérai pas réussir à la guérir plus que l'autre.

Le sauvage, entouré d'ennemis et de dangers, doit être soupçonneux et défiant ; si dans le nombre des ennemis qu'il peut craindre, il s'en trouve de vraiment redoutables, alors ce n'est plus de la défiance, c'est de la terreur qu'il éprouve. Leur nom seul le fera trembler ; il croira sur eux les contes les plus invraisemblables, les fables les plus ridicules, et d'avance le voilà vaincu.

Il suffit d'une brillante expédition pour établir l'empire d'une horde sur toutes les autres. Telle est la fortune des Houzouanas : leur nom passe avec effroi par toutes les bouches ; leur renommée arrive de contrée en contrée jusqu'au Cap même où l'on débite sur leur compte les récits les plus absurdes, récits que leur vie nomade accrédite encore ; l'impossibilité de connaître leurs véritables forces les double aux yeux des autres sauvages, et on les croit nombreux parce qu'on les voit toujours agissants.

Leur horde, peu considérable en elle-même, l'était encore moins dans le moment où j'y arrivai, une partie de ceux qui la composaient étant allés *à la provision*, ainsi qu'ils appellent leurs expéditions. Il ne restait au kraâl que vingt-sept hommes, sept femmes et quelques enfants ; ils n'attendaient que le retour de leurs camarades pour quitter leur établissement et se rendre tous ensemble par le sud-ouest vers l'embouchure de l'Orange.

Des hommes qui, par leur genre de vie, craignent sans cesse

d'être attaqués ou qui sont continuellement conduits à des excursions lointaines, ne peuvent guère habiter longtemps un même lieu ; ce n'était donc que passagèrement que ceux-ci étaient venus camper sur le ruisseau, et c'était un hasard de les avoir rencontrés.

L'Houzouana est de très petite taille, et c'est être fort grand parmi eux de mesurer cinq pieds ; mais ces petits corps, admirablement proportionnés, réunissent à une force, à une agilité surprenante certain air d'assurance, d'audace et de fierté qui en impose et qui me plaisait infiniment.

De toutes les races de sauvages que j'ai connus, nulle ne m'a paru douée d'une âme aussi active et d'une constitution aussi infatigable.

Leur tête, quoiqu'elle ait les caractères principaux de la tête du Hottentot, est cependant plus arrondie par le menton. Ils sont aussi beaucoup moins noirs, et ont cette couleur plombée du Malais qu'au Cap on désigne sous le nom de *boughouée*. Enfin leurs cheveux, plus crépus, sont si courts que d'abord je les ai crus tondus. Le nez est encore plus écrasé que celui du Hottentot, ou plutôt ils n'ont point de nez, et le leur consiste en deux narines épatées qui ont tout au plus cinq ou six lignes de saillie. Aussi, moi qui seul de ma troupe en avais un à l'européenne, je paraissais à leurs yeux un être disgracié de la nature. Leurs regards ne pouvaient se faire à une différence qu'ils regardaient chez moi comme une difformité monstrueuse, et, pendant les premiers jours, je voyais tous les yeux fixés sur mon visage avec un étonnement vraiment risible.

De cette nullité de nez, il résulte que, vu de profil, l'Houzouana est laid et ressemble au singe ; vu de face, on lui trouve au premier coup d'œil quelque chose d'extraordinaire, son front paraissant occuper plus de la moitié de son visage. Néanmoins il a tant de physionomie et des yeux si grands et si vifs que, malgré son air de singularité, il est assez agréable à voir.

La chaleur du climat dans lequel il vit le dispensant de tout vêtement, il est pendant toute l'année entièrement nu, à l'exception d'un très petit jackal attaché sur ses reins par deux courroies dont l'extrémité lui tombe sur les jarrets.

Endurci par cette habitude constante de nudité, il devient tellement insensible aux variations de l'atmosphère, que, quand des sables brûlants de la plaine il se transporte au milieu des neiges et des frimas de ses montagnes, il ne semble point s'apercevoir du froid.

Sa hutte ne ressemble point à celle du Hottentot. Elle est coupée verticalement par le milieu, de sorte qu'une hutte hottentote en ferait deux d'houzouanas.

Pendant les émigrations, on laisse le kraâl subsister, afin que, si quelque autre horde de la nation venait à passer par là, elle pût s'en servir. Les émigrants n'ont, pour abriter leur repos, qu'une simple natte suspendue et inclinée sur deux bâtons, souvent même ils ne la déploient pas ; il leur suffit alors d'une saillie de roches pour abri ; tout est bon à des gens dont le tempérament résiste aux plus extrêmes fatigues.

Cependant, s'ils s'arrêtent quelque part pour y séjourner et qu'ils y trouvent des matériaux nécessaires à la construction de leurs huttes, ils se font un kraâl, qu'à leur départ ils abandonnent comme les précédents.

Cette habitude de travailler en vue du bien-être possible de leurs camarades annonce un caractère sociable et des inclinations bienveillantes. En effet, ils sont non seulement bons maris et bons pères, mais excellents compagnons. Habitent-ils le même kraâl, personne n'y a rien en propre, tout appartient à tous.

Rencontrent-ils d'autres peuplades de leur nation, ils s'accueillent, se protègent, s'obligent entre eux ; enfin ils se traitent comme des frères, bien qu'auparavant ils ne se soient jamais vus.

Naturellement agile et dispos, l'Houzouana se fait un jeu de gravir les montagnes et les pitons les plus hauts ; cette disposition a été pour moi une chose avantageuse. L'eau du ruisseau sur lequel j'étais campé avait un goût cuivreux et une odeur nauséabonde qui non seulement la rendaient insupportable à boire, mais qui pouvaient incommoder mes gens et mes bêtes. Le kraâl n'avait pas de vaches, et partant pas de lait à nous offrir. Ayant demandé s'il ne se trouvait pas quelque bonne source dans le voisinage, je vis quelques hommes se précipiter vers mon camp, et aussitôt après s'élancer sur le flanc des rochers.... Deux heures plus tard, ils me rapportaient mes outres et mes vases pleins d'une eau excellente. Pendant tout mon séjour, ils me rendirent chaque matin le même service.

La disette d'eau, même dans les déserts les plus désolés, ne les inquiète jamais. Ils ont un art tout particulier pour découvrir les sources les plus profondément cachées ; leur instinct à cet égard est bien supérieur à celui de tous les autres Africains que j'ai connus, et la manière dont ils s'y prennent est fort curieuse. Un Houzouana qui cherche de l'eau, se couche à plat ventre par terre, regarde au loin, et si l'espace qu'il parcourt ainsi de l'œil recèle quelque source souterraine, il se relève et indique du doigt le lieu où elle est. Il lui suffit, pour la découvrir, de cette exhalaison éthérée et subtile que laisse évaporer au dehors tout courant d'eau quand il n'est pas enfoui à une trop grande profondeur.

Quant aux lagunes et autres dépôts extérieurs formés par les pluies, ils ont une évaporation sensible qui les lui décèle, même lorsqu'ils sont masqués par quelque butte ou colline.

Si ce sont des eaux courantes, telles que des ruisseaux ou des rivières, leurs vapeurs plus abondantes encore les lui dénotent si sensiblement, qu'il peut en indiquer le courant et tracer même leurs sinuosités.

.... L'Houzouana n'a pour armes qu'un arc et des flèches. Ces flèches sont très courtes et se portent sur l'épaule dans un carquois d'environ dix-huit pouces de longueur sur quatre de diamètre, et qui, fait d'écorces d'aloès, est recouvert de la peau d'un gros lézard que ces nomades trouvent dans leurs rivières, et notamment sur les bords de l'Orange et de la rivière des Poissons.

Obligé de nourrir une troupe nombreuse, et jaloux de faire participer la horde à l'abondance de mon gibier, j'allais journellement à la chasse, et toujours il y avait un grand nombre d'Hou-

Oiseau de Paradis.

zouanas qui m'accompagnaient; si je chassais dans les montagnes, je gravissais les rochers avec eux. Dans la plaine, je me servais d'un de mes chevaux; mais soit qu'il leur fallût me suivre, soit qu'il fallût rabattre vers moi les zèbres et les gazelles, ils se montraient infatigables, et à quelque pas rapide que je misse ma monture, je les voyais toujours à mes côtés.

Prévenus contre cette nation, mes gens tremblaient sans cesse pour moi. A chaque coup de fusil qu'ils entendaient, ils s'imaginaient que je me défendais contre mes compagnons, et que ceux-ci, après m'avoir assassiné, allaient venir les poignarder et piller le camp. Quant à moi, je n'éprouvais pas la moindre crainte; j'appréciais trop bien le bon sens et l'esprit pratique de ce peuple pour ne pas comprendre qu'à défaut des sentiments plus désintéressés dont je le croyais doué, la conviction de ce qu'il gagnait à ma présence et de ce qu'il perdrait par ma mort ne m'assurât son bon vouloir.

Ma confiance en eux ne fut pas un instant troublée; sous bien des rapports, ils me paraissaient se rapprocher des Arabes, qui, également nomades et également braves et pillards, sont dans leurs engagements et dans leurs amitiés d'une fidélité inébranlable et verseraient jusqu'à la dernière goutte de leur sang pour défendre le voyageur qui a acheté leurs services et s'est mis sous leur protection.

Si mon projet de traverser l'Afrique du sud au nord était praticable, je sentais que ce ne serait qu'avec le concours des Houzouanas. J'étais convaincu et je le suis encore que cinquante d'entre eux suffiraient pour l'exécuter. Aussi regretterai-je toujours de les avoir connus trop tard et dans des circonstances où des malheurs répétés m'avaient réduit à renoncer pour le moment à cette entreprise.

Je dois dire cependant que, quelque confiance que m'eût inspirée leur loyauté, je ne négligeai jamais les mesures de prudence qui sont toujours nécessaires au milieu des populations sauvages : mon camp était sans cesse surveillé; je ne le quittais jamais que bien armé et je me tenais constamment sur mes gardes. Toutefois ces précautions étaient prises bien moins pour eux que pour quelque parti de Boshjesman que nous aurions pu rencontrer.

Maintes fois déjà mes aventures m'ont donné lieu de parler de ces Boshjesman. J'ai dit qu'au Cap on désignait sous ce nom général tout homme de quelque nation ou couleur qu'il soit, qui, désertant, se retire dans les forêts ou les montagnes, s'associe à d'autres fugitifs, y vit avec eux, sans autres lois que celles que comporte un assemblage de gens sans aveu, et subsiste de pillage sans même épargner les associations pareilles de ses semblables.

Les Houzouanas n'étant connus que par leurs incursions et leurs razzias, on est porté dans les colonies à les comprendre dans la même dénomination; quelquefois cependant, à leur couleur semi-blanche, on les appelle *Chineese-Hottentots* (Hottentots-Chinois), double nom qui peut induire les voyageurs en erreur.

Leur vrai nom, le nom qu'ils se donnent à eux-mêmes, est celui d'Houzouanas, et non seulement ils n'ont rien de commun avec les Boshjesman, non seulement ils ne s'allient qu'entre eux, mais ceux-ci n'ont pas d'adversaires plus redoutables. Du reste, sans cesse en lutte avec toutes les autres peuplades, ils n'admettent quelque étranger dans leurs rangs qu'après avoir longuement constaté sa fidélité et surtout son courage.

Le Hottentot dont j'ai parlé avait subi ces épreuves, et la manière dont il en était sorti lui avait valu la grande considération dont il jouissait.

Bien que nomades et passant une partie de leur vie aux courses lointaines, ils ont néanmoins un vaste canton qu'ils habitent plus particulièrement, et dont je ne crois pas qu'aucune nation puisse parvenir à les expulser.

C'est cette partie de l'Afrique qui, de l'est à l'ouest, s'étend depuis la Cafrerie jusqu'au pays des grands Namaquois, et dont la profondeur que je ne saurais préciser est fort considérable.

Quant à la population qui a son centre dans ce vaste territoire, on la croit, au Cap, peu considérable. J'ai lieu de penser que c'est là une erreur, et qu'elle est au contraire fort nombreuse. Les colons basent leur opinion sur ce que, quand ils se montrent dans l'ouest, soit pour y vivre, soit pour y piller, on ne leur voit jamais de gros détachements ; mais c'est là chez eux une ruse de guerre.

Dans la crainte d'être attaqués si l'on connaissait leur nombre, ils cachent leur marche le plus qu'ils peuvent ; ils suivent les ravins et les sommets des montagnes, et souvent même ils ne voyagent que la nuit, ce qui fait qu'on peut les croire sans cesse dans le voisinage et qu'on les craint toujours.

Je serais assez porté à regarder l'Houzouana comme la souche primitive des nations qui peuplent aujourd'hui l'Afrique méridionale ; c'est de lui peut-être que descendent toutes les races des Hottentots de l'est et de l'ouest. Je crois en voir la preuve dans le rapport de leur physionomie et dans le clappement de langue qu'ils ont beaucoup plus prononcé.

Mais ce ne sont là que de faibles inductions ; la nation elle-même ne sait rien sur son origine ; tout ce qu'on peut en tirer sur ce sujet, c'est qu'elle habite où ont toujours habité ses aïeux.

Ce n'est qu'arrivé au Cap que je recueillis, de quelques vieux colons de l'est, les renseignements que voici :

Lorsque les premiers Européens vinrent s'établir au Cap, les Houzouanas habitaient les montagnes de neige et le canton qui sépare ces montagnes de la Cafrerie. Devenus voisins de la colonie, quand elle se fut étendue vers eux, ils vécurent d'abord paisiblement avec elle, et même, comme ils avaient plus d'activité et d'intelligence que les Hottentots, on les employait de préférence dans les défrichements et autres travaux d'installation. Mais bientôt la bonne intelligence et l'union furent rompues par les agissements de cette foule de bandits qu'on envoya de Hollande pour peupler le pays.

Ces gens vicieux et fainéants voulaient jouir des biens de la terre sans se donner la peine de la cultiver. Elevés d'ailleurs dans les préjugés des blancs, ils crurent que des hommes qui avaient une autre couleur qu'eux, étaient nés pour être leurs esclaves.

En conséquence, ils en exigèrent des corvées ; ils les condamnèrent aux travaux les plus pénibles et ne les payèrent plus qu'en mauvais traitements.

Excédés de cette tyrannie arbitraire, les Houzouanas refusèrent le service et se retirèrent dans les gorges de leurs montagnes. Les colons les y poursuivirent les armes à la main ; ils les massacrèrent sans pitié et s'emparèrent de leurs troupeaux et de leur pays.

Ceux qui échappèrent à ces atrocités prirent la fuite et se transplantèrent dans le territoire qu'ils ont occupé depuis ; mais en partant ils jurèrent, tant en leur nom qu'en celui de leur postérité, d'exterminer ceux dont ils avaient tant de raisons de se venger. Et voilà, si la tradition de la colonie est vraie, comment une nation pacifique et laborieuse est devenue guerrière, vindicative et féroce.

Cette haine, si légitime dans son principe, s'est perpétuée de génération en génération, bien que les Houzouanas d'aujourd'hui en ignorent la cause primitive. Elevés dans une aversion invincible pour les colons, ils savent qu'ils doivent avoir pour but principal de les piller et de les détruire.

Les Houzouanasses, obligées de suivre leurs maris dans leurs interminables courses, portent ainsi qu'eux des sandales et se coiffent comme eux d'un bonnet de peau de chacal. Elles vont de même complètement nues, sauf le petit tablier. Elles portent sur le côté un étui ou en ivoire ou en écaille de tortue, pour mettre la graisse qui leur sert à se boughouer, et une queue de quelque quadrupède emmanchée au bout d'un bâton, avec laquelle elles s'essuient le visage et le corps quand elles suent. Du reste, nulles décorations et nul ornement quelconque, à moins que l'on ne veuille regarder comme ornements des jarretières et des bracelets de cuir nu.

Cependant les Houzouanasses n'eurent pas plus tôt vu les verroteries que j'avais dans mes bagages qu'elles voulurent en avoir ; je leur en distribuai à toutes, et dès ce moment elles ne manquèrent pas de les porter avec beaucoup de satisfaction.

Je viens de dire qu'elles se boughouent et se graissent. Cet usage est commun aux hommes aussi bien qu'aux femmes ; comme les lutteurs et les athlètes de l'antiquité, ils le croient nécessaire pour entretenir la souplesse de leurs membres. Ils emploient à cette opération la graisse des animaux qu'ils tuent, et, quand ils mangent et qu'ils font griller pour leur nourriture des nymphes de fourmis, ils recueillent l'huile qui en suinte. L'onction faite avec cette huile communique au corps une odeur très forte, mais qui n'est pourtant pas désagréable.

Après plusieurs excursions dans les environs, excursions intéressantes sans doute, mais qui ne méritent cependant pas d'être racontées, leur connaissance du pays et les services qu'ils me rendirent à l'envi, me portèrent à les désirer pour guides et compagnons dans ma route jusqu'à la rivière des Poissons.

Je leur proposai donc, s'ils voulaient m'escorter jusque-là, de leur donner quatre vaches à lait.

Des gens qui souvent exposent leur vie pour se procurer un mouton, ne pouvaient balancer quand il s'agissait de quatre vaches ; seulement, ils me demandèrent un délai de quatre à cinq jours, afin de pouvoir rassembler tous leurs amis, et j'y consentis volontiers.

Dès le soir, ils se répandirent dans la montagne, grimpèrent sur les cimes les plus hautes, afin d'y allumer des feux qui servissent de signaux aux bandes dispersées de leurs camarades ou pour voir ceux que celles-ci allumeraient dans la plaine.

Ces feux de nuit constituent une langue particulière connue et pratiquée par la plupart des nations sauvages. Mais aucune n'a porté cet art aussi loin que les Houzouanas, parce qu'aucune n'a eu autant besoin de l'étendre et de le perfectionner.

Faut-il annoncer une défaite ou une victoire, une arrivée ou un départ, une maraude heureuse ou un besoin de secours, en un mot, une nouvelle quelconque, ils savent en un instant notifier tout cela, soit par le nombre de leurs feux, soit par la manière de les disposer.

Ils ont même l'industrie de varier leurs signes de temps en

temps, de peur que les nations ennemies, arrivant à les connaître, les emploient à leur tour par surprise et par trahison.

.... Les maraudeurs étaient apparemment trop éloignés pour apercevoir les signaux de cette première nuit, car aucun d'eux ne revint. Les jours suivants n'en ramenèrent que bien peu, ce qui ne nous empêcha pas de partir le sixième jour, ainsi qu'il avait été convenu. On laissa seulement à la garde des huttes quatre hommes, qui devaient, en outre, renouveler les feux.

Ces arrangements déplaisaient fort à mes gens. Ils ne voyaient en perspective qu'embûches, trahisons, pillages et massacres ; ces signaux, disaient-ils, avaient bien moins pour but de rappeler les absents que de leur indiquer l'heure et l'endroit où ils devaient tomber sur nous et aider à notre dangereuse escorte à nous écraser. Je suis convaincu que, sans le danger de rester en arrière ou d'avancer sans moi, ils se seraient mutinés et m'auraient abandonné. Les premiers épisodes de notre voyage ne furent pas de nature à les rassurer.

Après notre première marche à travers les montagnes droit au sud-ouest, nous ne fîmes halte qu'à dix heures du soir. Quand le jour parut et que je pus voir les objets autour de moi, je m'aperçus que la terre était absolument stérile, qu'elle n'avait pas une seule touffe d'herbe, et que, par conséquent, mes bêtes avaient dû passer la nuit sans manger.

Je fis part de mon inquiétude aux Houzouanas, et je leur demandai combien de jours il nous fallait pour nous rendre à la mer, et si nous trouverions des pâturages et de l'eau en abondance sur notre route.

Leur réponse me consterna. Ils me dirent que si la sécheresse avait été générale, comme on l'assurait, nous devions nous attendre, en avançant de ce côté, à trouver partout un terrain aussi sec et probablement sans eau douce.

.... Je ne pouvais courir un pareil risque : je fis faire un quart de conversion, afin de côtoyer les montagnes qui nous bornaient à l'est. Je n'ai jamais trouvé chemin plus rude et plus difficile que celui où nous nous engageâmes ; il ne nous présenta d'autres compensations à notre fatigue qu'un nid d'autruche couveuse que nous y rencontrâmes.

La femelle avait devant elle quatre œufs déposés sur le sol, et dans son nid elle en avait neuf dont les petits étaient très avancés.

.... La chaîne de montagnes avait sa direction au sud. J'employai deux jours entiers à la suivre, et partout j'y trouvai des pâturages pour mes bestiaux et de l'eau de rocher pour nous. Je n'aurais eu donc après tout qu'à me féliciter d'avoir pris cette nouvelle direction, si elle n'avait contrarié mon désir de me jeter plus avant dans l'ouest, afin de me rapprocher du bord de la mer.

Devant moi, à l'ouest, étaient d'autres montagnes dont la chaîne, plus considérable encore que celle que nous suivions, se perdait dans l'horizon et dont la direction par conséquent devait se rapprocher de l'Océan. Mes guides m'assurèrent que j'y trouverais les mêmes ressources pour l'eau et pour le fourrage ; mais une distance que j'estimais à vingt-quatre lieues au moins séparait les deux chaînes, et toute cette étendue de plaine ne présentait que des sables arides, sans arbres et sans aucune espèce de verdure.

Avec nos provisions et nos outres pleines, nous pouvions suffire à cette pénible traversée ; mais nos bêtes....

Après deux jours de réflexions, ou plutôt d'hésitation, je partis.... La horde sur laquelle les Houzouanas avaient compté pour nous prêter aide et assistance au besoin, était dans une si misérable situation que notre arrivée chez elle devint le juste motif de nouvelles craintes, de nouveaux dangers. Et quel danger, celui de la peste ajouté à la famine au milieu d'un désert !...

Cette effroyable épidémie avait déjà fait périr beaucoup d'entre eux ; ceux qui restaient en étaient tous atteints, ainsi que leurs troupeaux ; couverts d'ulcères de la tête aux pieds, ils étaient gisants dans leur hutte, où ils exhalaient une odeur cadavéreuse et insupportable.

Cette peste, disaient-ils, avait pris naissance dans les contrées de l'ouest ; elle y avait exercé des ravages affreux, et c'est là qu'eux-mêmes l'avaient gagnée. Il y avait peu de jours que ceux de la horde qui se croyaient en santé s'étaient retirés vers le sud pour échapper au mal ; mais ils en emportèrent avec eux le germe qui probablement avait dû se développer dans leur route.

Cette fuite au reste, pour le dire en passant, donne l'explication de certaines assertions absurdes que se plaisent à reproduire des voyageurs mal instruits. A les entendre, les nations sauvages, dans leurs émigrations et leurs marches, abandonnent les vieillards et les infirmes qui ne peuvent les suivre. C'est là une calomnie fondée sur une erreur, que le fait qu'on vient de lire peut servir à rectifier.

Le spectacle que nous avions sous les yeux jeta l'épouvante dans ma caravane. Tous mes gens me déclarèrent que, si je ne changeais sur l'heure de route, ils me quitteraient, et je compris que rien ne modifierait cette décision : la crainte même des Boshjesman n'était rien pour eux en comparaison de la mort affreuse qu'ils tenaient pour inévitable en restant dans un pays ainsi contaminé.

Leur terreur, du reste, me paraissait fondée ; je la partageais moi-même dans une certaine mesure ; je donnai donc ordre de repartir le lendemain au point du jour ; en attendant, je pris toutes les mesures d'hygiène que je crus nécessaires.

A l'aurore, après avoir envoyé du tabac aux malades avec ordre de le déposer à quelque distance des huttes et défense expresse de rien accepter en échange, je donnai le signal du départ.

Nous reprîmes la route de la chaîne de montagnes, que nous regrettions maintenant d'avoir quittée deux jours auparavant. Notre bonne fortune nous envoya heureusement une pluie abondante, qui rafraîchit et soulagea mes bœufs, mais qui ne suffit pas, hélas ! à rendre à mes gens un peu de ce courage dont nous avions tous si grand besoin.

.... Nous avions fait plus de quarante lieues en quatre jours ; mes animaux, aussi bien que mes gens, étaient exténués ; seuls les Houzouanas conservaient leur énergie et leurs forces, lorsqu'enfin nous approchâmes de la horde qu'ils nous avaient signalée.

Il était cinq heures de l'après-midi ; les bœufs et les chiens, sentant l'eau, se détachèrent de nous à l'instant, et, prenant le galop sans qu'on pût les arrêter ni les retenir, ils se portèrent à toutes jambes vers le kraâl.

Leur odorat ne les avait point trompés ; ils trouvèrent effectivement des puits, mais ces puits étaient fermés, et ils se virent réduits à les flairer et à tourner tout autour sans pouvoir s'y désaltérer.

On se représente sans peine quelle fut la surprise de la horde à l'apparition subite de ces animaux ; mais ce fut une bien autre alarme quand nous parûmes tous et qu'elle vit près d'elle une troupe de ces Houzouanas si redoutés, ayant parmi eux un blanc, moins formidable peut-être, mais plus effrayant encore pour des gens qui n'avaient jamais vu d'hommes de cette couleur.

Consternés et stupéfiés à la vue de ce spectacle, ils n'avaient ni la force de fuir, ni l'assurance d'avancer vers nous.

.... J'allai à eux, et sans paraître m'apercevoir de leur embarras, je leur fis demander s'ils avaient quelqu'un chez eux qui fût infecté de la maladie qui venait de nous chasser des montagnes de l'ouest.

Ma question les glaça d'effroi ; ils connaissaient par expérience cette épidémie désastreuse. Mais comme ils n'en étaient point attaqués encore, je fis dresser mon camp près d'eux.

Le lendemain se passa sans qu'un seul homme de la horde vînt nous visiter. Que voulait dire cette défiance ? craignaient-ils que nous leur apportassions les germes de la maladie ? était-ce moi ou les Houzouanas qu'ils appréhendaient ? Je me le demandai en vain ; mais, convaincu que le seul moyen de les rassurer était de leur montrer une confiance absolue, je me rendis au kraâl, porteur de présents et d'assurances d'amitié.

Ma démarche eut tout le succès que j'en attendais ; nous devînmes les meilleurs amis du monde, et afin de cimenter ces sentiments de mutuelle bienveillance, je proposai une grande chasse à laquelle tout le monde prit part. On tua beaucoup de gazelles, et j'eus soin que, dans la distribution du gibier, les habitants de la horde fussent libéralement partagés.

Le séjour que je fis chez eux et les bons pâturages que j'y trouvai eurent bientôt rétabli mes bestiaux. Rien ne s'opposait plus à mon départ, et j'étais d'autant plus rassuré sur la route que partout, au pied des montagnes, l'herbe du Boshjesman était en pleine verdure.

Toutefois, avant de partir, je voulus signaler à la horde mon passage par un nouvel avantage ; je ménageai entre elle et les Houzouanas un traité de paix et d'alliance que j'ai tout lieu de croire avoir été fidèlement observé dans la suite.

Le soir de notre départ de la horde, à la nuit close, un grand bruit attira tout à coup notre attention. C'était une grande troupe d'animaux sauvages qui, cantonnés sur le bord du ruisseau près duquel nous comptions faire halte, s'enfuyaient à notre approche.

Curieux de connaître à quels voisins ou à quels ennemis nous avions à faire, je me procurai de la lumière, et je vis par les fumées que les fugitifs étaient des éléphants. Nous allumâmes de grands feux ; je fis faire tour à tour des décharges de mousqueterie qui les tinrent éloignés, de sorte que la nuit fut très tranquille.

Le jour, en nous éclairant, me montra que la chaîne, changeant de direction, allait se perdre à l'ouest ; comme il n'y avait plus, malgré tout mon désir, à songer à gagner ces contrées et que je ne devais plus m'inquiéter que d'arriver au plus vite à la rivière des Poissons, je demandai à mes Houzouanas de m'y conduire directement.

Ils me répondirent qu'il fallait, en ce cas, s'engager résolument dans les montagnes afin d'en traverser la chaîne. Tous mes gens se récrièrent : c'était là évidemment que nous attendait la fameuse trahison depuis si longtemps prédite.

Une fois encore, je laissai dire et me confiai à mes guides. Une nation aussi active et aussi infatigable que les Houzouanas aurait pu seule entreprendre de traverser de semblables montagnes et surtout y réussir.

Pour moi, dès le premier jour que nous y fûmes, j'y trouvai tant de difficultés et d'obstacles, que, si je n'avais point eu de pareils conducteurs, j'aurais, je l'avoue, regardant l'entreprise comme folle et téméraire, ordonné de rebrousser chemin.... Mais, en les voyant courir en avant, grimper sur les rochers pour découvrir des passages praticables et, sans craindre de doubler leur fatigue, revenir sur leurs pas pour nous les indiquer, tant de zèle, d'attention et d'intelligence me faisaient oublier le dur et pénible travail de notre marche.

Il en était de même de mes animaux ; mes gens n'étant plus capables de les mener, il avait fallu en charger mes guides, et ceux-ci s'en acquittaient d'une façon que je ne me lassais pas d'admirer. Tandis que les uns nous dirigeaient à travers les ravins, les gorges et les fondrières, les autres conduisaient par le haut des montagnes mes bœufs chargés.

Du bas des rochers que nous escaladions, nous les entendions au-dessus de nos têtes, animer les animaux par leurs cris ; ce bruit confus, le premier sans doute de ce genre qui eut encore troublé ces solitudes, battait tous les rochers d'alentour. Il effrayait les animaux sauvages, et je voyais fuir au loin et se retirer dans leurs repaires, les damans, les hyènes et jusqu'aux tigres. Le vautour fendait les airs, abandonnant son asile accoutumé et répondant au beuglement de nos animaux par des croassements épouvantables....

Cependant ce voisinage de bêtes féroces devenait inquiétant par suite de la situation où nous nous trouvions. Forcément séparés les uns des autres par l'aspérité des lieux, hors d'état par conséquent de nous secourir mutuellement, nous avions tout à craindre si elles nous attaquaient.

Fallait-il passer par quelque ravin étroit et profond, une autre sorte de péril nous menaçait : serrés entre des roches entassées les unes sur les autres, et qui, quelquefois, s'élevaient verticalement à plus de deux cents pieds au-dessus de nos têtes, nous courions le risque d'être écrasés par la chute de quelque éclat détaché par les pas de ceux qui marchaient au-dessus de nous. Au milieu de tous ces dangers et de ceux que leur imagination y ajoutait encore, nos trembleurs n'étaient pas à leur aise : la consternation était peinte sur leurs visages, ils marchaient dans un profond silence, mais avec des mouvements d'inquiétude qui annonçaient l'état de leur âme.

Enfin, cependant, à force de monter et de gravir, nous atteignîmes la crête de la chaîne, et ce fut pour nous un moment d'indicible émotion, que celui où les premiers de la troupe qui y parvinrent, en portant devant eux, au loin, leurs regards sur la plaine, poussèrent tous un cri de joie.

Pendant que les Houzouanas, qui semblaient jouir de la joie commune, se plaisaient à me faire remarquer dans la plaine les sinuosités du fleuve, sinuosités marquées par les arbres qui bordaient ses rives, mes gens, de leur côté, ne pouvaient cacher entièrement la honte qu'ils éprouvaient de les avoir soupçonnés....

Il nous restait à descendre le versant de la chaîne, et nous devions nous attendre aux mêmes fatigues que nous avions éprouvées en montant. Mais, outre que la joie d'approcher du terme ne pouvait manquer de les adoucir, elles s'annonçaient nettement comme moindres, parce que la plaine du fleuve, se trouvant plus élevée que celle de l'autre côté, l'espace à parcourir était plus court.

De plus, à une certaine distance du sommet, nous trouvâmes, en descendant, une station qui semblait nous avoir été préparée par la nature. C'était un frais vallon arrosé par un charmant ruisseau où nous nous reposâmes avec d'autant plus de délices, que jusque-là nous n'avions trouvé, dans ces montagnes, que des objets d'horreur.

Nous y passâmes la nuit, et le lendemain, vers midi, nous nous trouvâmes enfin, sans qu'il nous fût arrivé le moindre accident, au bord de la rivière tant désirée.

Les Houzouanas qui, la nuit précédente, avaient enfin reçu

une réponse aux signaux, qu'à chaque occasion favorable ils ne manquaient pas de renouveler pour appeler à eux leurs camarades absents, me prévinrent que, puisque je n'avais plus besoin d'eux, il leur serait agréable d'aller se réunir à ceux-ci.

Je ne pouvais raisonnablement insister pour les retenir plus longtemps, et cependant, il m'en coûtait de les laisser partir sans leur distribuer des cadeaux en rapport avec les services qu'ils m'avaient rendus. Or, que pouvais-je leur offrir qui leur fut agréable? Ma provision de tabac était tellement épuisée, que depuis quelque temps déjà j'étais obligé de mettre la plus grande économie dans mes distributions journalières, et d'ailleurs, les Houzouanas sont tellement accoutumés à en manquer, qu'il n'y a point pour eux, comme pour les Hottentots, par exemple, de souffrance à s'en passer, et par conséquent pas de grande joie à en recevoir. Quant aux verroteries, ils s'en servent peu. Ce qui les eût, par exemple, comblés de satisfaction, eût été un couteau à chacun, mais il m'en restait à peine une demi-douzaine.

Voici à quoi je me décidai : je leur en montrai quatre, et après les leur avoir fait admirer, je leur dis que j'allais les faire tirer au noir, et que les quatre tireurs qui approcheraient le plus près du but en auraient chacun un.

Ma proposition fut accueillie avec acclamation ; un seul parut mécontent, parce que, se connaissant fort bien pour un des moins habiles tireurs de la horde, il savait qu'il ne devait pas compter sur un des prix. Mais je lui devais moi-même trop de gratitude pour les bons offices qu'il m'avait rendus, pour ne pas lui devoir une récompense à part; aussi eus-je soin de l'avertir que, quelle que fût l'issue du concours, un cinquième couteau avait été mis à part pour lui. Plus rien, dès lors, ne troubla l'allégresse générale.

Ce concours devint pour toute ma caravane une sorte de fête; moi-même, indépendamment de l'amusement que je m'en promettais, j'y voyais un moyen d'expérimenter jusqu'à quel point allait cette adresse au tir des Houzouanas, adresse qui contribuait si grandement à la terreur qu'ils inspiraient.

De plus, j'étais ainsi assuré de laisser de moi et de ma race, dans leur mémoire, un souvenir qui ne s'effacerait pas de longtemps et qui me préparerait un bon accueil, si, comme je l'espérais, un voyage subséquent me ramenait sur leur territoire.

Le tir dura même après l'adjudication des quatre prix. Ceux qui n'en avaient pas obtenu continuèrent de rivaliser entre eux ; et ce ne fut pas sans rire que je vis plusieurs d'entre eux, après avoir mis leur flèche dans le cercle noir, se fâcher contre leur maladresse d'avoir tiré si mal, quand il y avait quelque chose à gagner, et si bien quand le coup était devenu inutile.

L'occasion me sembla favorable pour leur faire apprécier la supériorité des armes européennes sur les leurs ; j'allai donc, avec ma grosse carabine, me placer au sillon, et de là, je tirai plusieurs coups à balles qui tous donnèrent dans le but.

Non content de leur montrer mon habileté, je voulus les convaincre de celle de mes gens. Je pris pour but une roche contre laquelle je tirai à quatre cents pas de distance ; chaque coup en faisait sauter un éclat, et, à chaque coup, je voyais mes sauvages stupéfiés chercher sur mon visage par quelle inconcevable magie j'opérais si promptement et si loin un pareil effet.

Afin de porter cet étonnement à son comble, je les plaçai tous à la file sur une même ligne ; je m'éloignai d'eux à une distance du double ; puis, mettant dans ma carabine une balle percée d'outre en outre et forçant un peu la charge du fusil, je fis siffler la balle en tirant au-dessus de leurs têtes.

Ce sifflement, qu'ils entendirent avant d'avoir entendu l'explosion de la carabine, les confondit d'admiration. Ils ne doutèrent pas que j'eusse la faculté de porter le coup aussi loin que je voulais....

Ces expériences, jointes aux coups d'adresse qu'ils m'avaient maintes fois vu faire, comme d'abattre de petits oiseaux au vol et même des scarabées, leur donnaient une haute idée de mon pouvoir.

Après avoir subjugué leur imagination par l'impression puissante de ce pouvoir qu'ils me supposaient, je leur fis sentir combien il avait été sage à eux de m'accueillir avec amitié, et combien seraient imprudentes celles de leurs hordes qui, par quelque offense, oseraient provoquer mon courroux. J'annonçai en même temps que partout où j'en rencontrerais quelqu'une, je chercherais à m'y faire des amis, comme je l'avais cherché parmi eux. Enfin, après leur avoir rappelé les services que j'avais été heureux de pouvoir leur rendre, je les remerciai affectueusement de ceux que, de leur côté, ils m'avaient rendus.

Ce petit discours produisit l'effet sur lequel j'avais compté. Tous me renouvelèrent les protestations de leur attachement et de leur amitié, et cela tant en leur nom qu'en celui de leurs camarades.

Les femmes, me montrant les ornements qu'elles devaient à ma munificence, me firent comprendre qu'elles se feraient un devoir de les porter pour faire connaître à tous les Houzouanas ce qu'était l'homme blanc, le bon et puissant ami de la nation. Cette délicate reconnaissance me flatta beaucoup, et j'y fus d'autant plus sensible que celles qui me la témoignaient n'avaient été pour rien dans les prix de couteaux que je venais de distribuer. Pour les en dédommager, j'ajoutai des largesses aux ornements dont je les avais déjà gratifiées.

J'eusse désiré retirer le Hottentot de la vie errante à laquelle il s'était dévoué; je lui proposai de le ramener dans les colonies, mais il se refusa à mes sollicitations : il avait une femme et deux enfants en bas âge dont il ne voulait pas se séparer.

La horde enfin se sépara de moi avec les plus vives démonstrations de gratitude et de dévouement. C'était à qui me serrerait les mains ; mes trembleurs eurent leur part à ces effusions, et je vis avec plaisir que, en grande partie du moins, leurs injustes défiances contre ces alliés si serviables et si fidèles commençaient à se dissiper.

Je dis une grande partie, parce que, tandis que pour ma part j'éprouvais un véritable regret à cette séparation, j'aperçus sur plus d'un front le plaisir de se voir délivré du poids énorme de la crainte qui les avait assombris à partir de notre première rencontre avec la horde redoutée.

Malgré tant de confiance, d'amitié, de services rendus, le préjugé n'avait pu se déraciner entièrement de la plupart des cœurs ! A quoi tient, hélas ! la renommée !

.... Si j'avais cru mes compagnons, je me serais, dès le lendemain, mis en marche par le chemin le plus court vers mon camp des bords de l'Orange. Mais j'avais gardé un trop bon souvenir des journées que j'avais précédemment passées dans la partie supérieure de la rivière des Poissons, pour ne pas désirer côtoyer pendant quelque temps un cours d'eau si remarquable par la fertilité de ses bords et l'excellence du climat.

Je n'eus pas lieu de me repentir de cette résolution : chaque journée de marche fut marquée pour moi par quelque plaisir nouveau, et par quelque objet précieux ajouté à mes collections.

Je citerai notamment la rencontre d'un énorme sanglier auquel je donnai la chasse et que je tirai. Ce monstrueux animal, absolument différent de toutes les espèces de cochons connues, au lieu d'avoir le museau pointu et en forme de conque, l'a au contraire très large et terminé carrément. Il a de petits yeux, peu séparés l'un de l'autre, et placés presque à fleur de tête vers le haut du front.

De chaque côté, sur la joue, s'élève horizontalement une peau cartilagineuse et fort épaisse de la largeur de trois pouces.... Il a quatre défenses de la nature de l'ivoire, dont deux à chaque mâchoire. Les supérieures, longues de sept à huit pouces, sont cannelées et se relèvent en l'air tout en sortant des lèvres ; celles de la mâchoire inférieure sont beaucoup plus petites et tellement appliquées contre les grandes, quand la bouche est fermée, qu'on les prendrait pour n'être ensemble qu'un seul et même boutoir.

La tête de ce sanglier présente un objet vraiment hideux à voir; au premier coup d'œil, on lui trouve des ressemblances frappantes avec celle de l'hippopotame qui n'est guère moins hideuse.... Mais, malgré son museau évasé, il furette la terre pour en tirer les racines dont il fait sa nourriture. Quoique fort épais et très gros, il court si bien et si vite, que les Hottentots l'ont surnommé *le coureur.*

Je reviendrai un jour sur cet intéressant quadrupède.

N'ayant pu voir ni la source ni l'embouchure de la rivière des Poissons, je n'en puis indiquer que le gisement. En ce qui concerne son embouchure, j'en réfère aux navigateurs et aux géographes. Quant aux sinuosités de son cours, je ne crois pas qu'en l'état actuel de ces contrées, il soit possible de les indiquer même approximativement.

Cette observation ne s'applique pas seulement à la rivière des Poissons. Dans un pays aussi coupé que l'Afrique, il est toujours difficile de reconnaître une rivière dont le cours a quelque longueur. Tantôt s'enfonçant à travers des montagnes escarpées ou se perdant sous des rochers; tantôt tombant en cascades, qui souvent deviennent divergentes, et ne se réunissent que pour couler en sens contraire, il est bien difficile de la suivre à travers tant d'obstacles.

Il n'y aurait qu'un moyen d'y réussir, ce serait de la prendre à sa source et de la côtoyer constamment, sans jamais la perdre de vue. Mais quel homme oserait tenter de pareilles entreprises ? Et encore, en ce qui concerne la rivière qui nous occupe, je doute qu'elle fût praticable.

Au troisième campement que je fis sur le fleuve, mes grands Namaquois reconnurent une chaîne de montagnes fort élevées, dont ils me vantèrent beaucoup les pâturages, et où, pour cette raison, il y avait toujours, me dirent-ils, quelque horde de leur nation. Je m'empressai de diriger ma marche de ce côté. En deux petites journées nous arrivâmes dans un riant vallon ombragé d'une quantité de mimosas en fleur. Nous y trouvâmes de nombreux troupeaux dont la présence nous indiqua le voisinage d'une horde.

Les Namaquois ayant pris les devants avec Klaas pour m'annoncer, nous la vîmes bientôt paraître tout entière. A cette vue, mes gens témoignèrent une joie folle. On eût dit qu'après avoir échappé à des assassins, ils retrouvaient des protecteurs qui assuraient leur vie.

Ils se félicitaient les uns les autres; ils serraient la main des nouveaux venus, leur pressaient la poitrine et les accablaient de démonstrations d'amitié.... La beauté des pâturages qui partout couvraient le pied des montagnes, me décida à passer quelques jours près de la horde.

Quand ma tente fut dressée, le chef vint me rendre visite; il me donna des nouvelles de mon camp de l'Orange, où pendant mon absence rien de fâcheux n'était arrivé.

Il tenait ce renseignement, si précieux pour moi, d'une autre horde qui était allée y échanger des bestiaux pour du tabac. Lui-même aurait bien désiré pouvoir y envoyer quelques-uns de ses hommes dans le même but, parce que cette denrée manquait absolument dans le kraâl; mais un événement inquiétant, qui le tenait dans des alarmes continuelles, l'empêchait d'affaiblir sa troupe peu nombreuse, en en détachant un certain nombre d'hommes.

Depuis quelque temps, un lion et une lionne étaient venus s'établir dans un fourré fort épais du voisinage. En vain avait-on cherché à les en déloger; chaque nuit ils venaient attaquer non seulement les troupeaux, mais les hommes mêmes. La nuit précédente encore, un bœuf avait été ainsi enlevé.

Pleine d'espoir et de confiance dans l'effet de mes armes à feu, toute la horde bénissait mon arrivée; car, ajouta le chef, personne ne doutait que je ne consentisse à délivrer le pays de ces redoutables carnassiers.

Des deux moyens que ces bonnes gens m'offraient de les obliger, le premier n'était point à ma disposition : depuis un mois, mon monde était à la demi-ration de tabac, et encore craignais-je de n'en avoir pas assez jusqu'à mon arrivée au camp.

Il m'était donc plus facile, bien que cette entreprise demandât beaucoup de circonspection et de prudence, de servir la horde en ce qui regardait les deux lions. L'obstination de ces animaux à ne pas quitter le fourré faisait clairement connaître qu'ils n'y étaient point seuls; or, déjà si formidables en tout temps, les lions, quand ils ont des petits à défendre et à alimenter, deviennent d'une férocité à laquelle rien ne résiste. Ils semblent ne plus redouter aucun danger et tiendraient tête à une armée entière. Ce n'est plus seulement chez eux du courage, c'est de la fureur, c'est de la rage !

Je m'engageai néanmoins à les attaquer le lendemain, promettant sinon de les détruire, du moins de les forcer à s'éloigner. Toutefois, eu égard à l'épaisseur du fourré et à la difficulté de l'attaque, j'exigeai qu'indépendamment des hommes qui faisaient partie de ma caravane et que je comptais employer, tous ceux de la horde se joignissent à moi.

Pendant la nuit, nous nous entourâmes de grands feux, et nous fîmes de temps en temps des décharges de notre mousqueterie. Ces précautions étaient inutiles. Les carnivores avaient à dévorer les restes de leur bœuf de la veille ; ils ne parurent pas, mais ils se firent entendre une partie de la nuit.

Les hommes de la horde étaient sur pied dès l'aube, et, armés de flèches et de sagaies, ils n'attendaient plus que mes ordres pour marcher au combat. Les femmes elles-mêmes et jusqu'aux enfants voulaient être de la partie, moins à la vérité pour combattre que pour satisfaire leur curiosité et jouir de notre victoire.

J'entendais les lions rugir dans leur fort, mais bientôt le jour les fit taire ; le soleil parut, et le profond silence qui s'établit alors fut pour nous le signal du départ.

Le fourré pouvait avoir environ deux cents pas de longueur sur soixante de largeur. Il occupait un espace plus enfoncé que le terrain voisin, de sorte que pour y pénétrer il fallait descendre. Du reste, tout y était épines et buissons, à l'exception de quelques mimosas qui s'y élevaient vers le centre.

Ces arbres, si j'avais pu y aborder, m'eussent fourni un point d'attaque favorable. Grimpé sur leurs cimes, je me serais vu en sûreté et j'aurais pu tirer à mon aise ; mais, ne connaissant pas précisément le gîte où s'étaient réfugiés les lions, il eût été plus qu'imprudent de traverser le fourré au risque de tomber juste sur eux.

Dans l'impossibilité d'attaquer nos formidables ennemis dans leurs retranchements, il s'agissait d'essayer de les en faire sortir. Persuadé, d'ailleurs, qu'aussitôt que nous les aurions en campagne, nous serions les plus forts et ne tarderions pas à être victorieux, je me décidai à échelonner mes hommes de distance en distance sur les hauteurs, tout autour du bois, de manière que les lions ne pussent gagner la plaine sans être aperçus.

Restait à débusquer le redoutable gibier; aucun sauvage n'osant se risquer à pénétrer dans le bois, nous imaginâmes d'y faire entrer de force les bœufs de la horde.

Quand chacun fut à son poste et que les armes eurent été visitées et amorcées, on poussa les pauvres bêtes en avant, et, à force de coups et de cris perçants, on les obligea à s'engager dans les épines et les buissons. En même temps nos chiens donnaient de la voix, et je faisais faire plusieurs décharges de pistolets.

Bientôt les bœufs, sentant leurs ennemis, reniflèrent fortement et se rejetèrent en arrière; mais, repoussés par nos clameurs, par les aboiements des chiens, par le bruit de nos armes, ils entrèrent en fureur, se heurtèrent les uns contre les autres et se mirent à mugir d'une épouvantable façon.

De leur côté, les lions arrivèrent à l'aspect du danger. Leur rage s'exhalait en rugissements terribles; on les entendait successivement à tous les endroits du fourré, sans qu'ils osassent se montrer nulle part à découvert, ni percer vers nous.

Le choc de deux armées n'est pas plus bruyant que l'étaient leurs voix menaçantes, confondues avec les cris animés des hommes et des chiens et le beuglement furieux des bœufs. Cet affreux concert dura une partie de la matinée, et déjà je commençais à désespérer du succès de notre entreprise quand tout à coup j'entendis, du côté opposé au mien, des cris perçants qui furent aussitôt suivis d'un coup de fusil qui me fit tressaillir. Mais à ce coup succédèrent aussitôt des cris de joie qui, répétés par le cercle et passant de bouche en bouche jusqu'à moi, m'annoncèrent une victoire. Je courus sur le point d'où était parti le premier cri, et je trouvai la lionne expirante. Se décidant enfin à quitter sa retraite, elle s'était élancée sur ses assaillants. Klaas, qui se trouvait posté en cet endroit, l'avait tirée et percée de part en part. Ses mamelles gonflées et traînantes, quoique sans lait, annonçaient qu'elle avait des petits encore jeunes.

L'idée me vint de me servir de son corps pour attirer ceux-ci hors du fourré. Je le fis traîner et placer à proximité de la lisière du bois, ne doutant pas qu'ils vinssent à la piste auprès d'elle et espérant que le mâle peut-être les suivrait, soit pour la venger, soit pour la défendre.... Nous passâmes vainement plusieurs heures à attendre ce résultat : ma ruse fut inutile.

A la vérité, les lionceaux, inquiets de ne plus voir leur mère, couraient çà et là dans le fort en grondant. Le mâle lui-même, séparé d'elle, redoublait de rugissements et de rage. Nous le vîmes plusieurs fois paraître sur la lisière des broussailles l'œil en feu, la crinière hérissée et se battant fortement les flancs avec sa queue; mais malheureusement il ne se trouva jamais à portée de ma carabine; un de mes tireurs, posté plus avantageusement, le manqua. A ce coup de maladresse il disparut, et soit qu'il craignît d'attaquer une troupe aussi nombreuse que la nôtre, soit qu'il ne voulût point abandonner ses petits ou qu'il eût été légèrement blessé, il ne se montra plus.

Après avoir attendu inutilement, je pris le parti de revenir à mon premier plan d'attaque. En conséquence, je renvoyai tout le monde à son poste, et nous essayâmes de nouveau de faire foncer les bœufs dans le fourré, afin d'en déloger la famille; mais, trop effarouchés, ils se refusèrent absolument à la manœuvre, et je me vis forcé d'y renoncer, quoique mes chiens, animés par le sang de la lionne qu'ils avaient flairé, donnassent avec beaucoup d'ardeur et montrassent un grand acharnement.

Nous avions employé à notre chasse une grande partie de la journée, le soleil baissait, et elle allait devenir plus périlleuse. Je crus donc prudent de songer à la retraite et de remettre au lendemain la dernière partie de notre victoire.

Les sauvages transportèrent au kraâl la lionne dont ils voulaient se régaler. Moi, qui voulais sa robe, j'ordonnai auparavant de la déshabiller. Elle avait quatre pieds quatre pouces et six lignes de hauteur à l'avant-train, et dix pieds huit pouces de long, depuis l'extrémité du museau jusqu'à celle de la queue.

Lorsque l'animal fut écorché, Klaas endossa sa robe pour la porter jusqu'au kraâl, où l'accompagna avec acclamations toute la horde; lui-même semblait marcher en héros. J'observai ce nouvel Alcide, et, tout éloigné que je fusse des lions de Némée, le rapprochement était si frappant que je me surpris marchant d'une façon plus grave au milieu de cette fête véritablement renouvelée des Grecs. Si Klaas n'obtint pas tous les honneurs décernés au fils d'Alcmène, c'est qu'apparemment un Dieu plus puissant avait dirigé ses coups. Comme j'étais pour quelque chose dans le plan d'attaque, je fus comblé aussi d'éloges et de remerciements.

Le chef me pria d'accepter, au nom de la horde et comme gage de reconnaissance, quatre moutons et deux bœufs. Je fis égorger les moutons à l'instant pour ajouter au festin qu'allait fournir la lionne, et j'abandonnai les deux bœufs à Klaas, qui les avait bien gagnés. D'abord il les refusa, et il s'obstinait même à me les laisser; mais quand je lui eus fait observer qu'ils étaient donnés à la mort de la lionne et que cette mort était son ouvrage, il n'hésita plus à les accepter.

Le festin sembla d'autant plus savoureux que c'était la chair de l'animal qui avait causé tant d'épouvante et de dégâts qui en faisait les frais. Cette chair fut déclarée délicieuse. Je ne partageai point en cela le goût de mes compagnons; les morceaux, qu'à contre cœur je me forçai à en avaler, me semblèrent bien plus coriaces et d'un goût plus désagréable encore que la viande de tigre.

Après le régal vinrent les divertissements; on dansa, on chanta toute la nuit, et ces fêtes bruyantes, qui ne me permirent pas de me livrer un seul instant au sommeil, me rappelèrent aussi les jeux néméens.

Pendant la nuit, je n'entendis le rugissement ni des lionceaux, ni de leur père, ce que j'attribuai au bacchanal affreux que faisaient mes sauvages; et réellement quand tous les lions de la contrée se fussent réunis dans la remise pour y gronder ensemble, je ne sais si leurs voix n'eussent pas été couvertes par le fracas et le tintamarre de la fête.

Mais ce silence avait une autre raison : le mâle, effrayé des dangers qu'il venait de courir, avait profité des ténèbres pour se retirer avec sa famille, et le matin, quand nous revînmes pour lui donner la chasse, nous trouvâmes le buisson vide.

Dès les premiers pas que firent mes chiens dans le fourré, je m'aperçus, à la manière dont ils quêtaient, que nous arrivions trop tard. Néanmoins, afin de m'en assurer, je fis tirer quelques coups de pistolet. Cette précaution n'ayant rien produit, nous pénétrâmes avec circonspection dans le fort et n'y trouvâmes plus que les vestiges des dégâts qu'avait faits cette famille affamée. De tous côtés on voyait des os épars ou en tas ; et le spectacle de ce charnier, rappelant à la horde les pertes qu'elle avait subies, mit chacun dans le cas de déplorer les siennes.

Pendant ce temps, je m'occupais de chercher les traces des lionceaux et de leur père. Bien qu'il y ait des exemples de lionnes qui, d'une seule portée, ont trois petits, celle-ci nous parut n'en avoir que deux ; mais ils s'annonçaient pour être de la taille de mon grand chien Jager, qui m'atteignait à la ceinture, et par conséquent ils étaient déjà redoutables et pouvaient faire beaucoup de mal.

Quant au père, à en juger par l'empreinte de sa patte qui était d'un tiers plus grande de celle de sa femelle, il devait être de la plus grande taille.

Je ne sais quel est le critique qui, s'étant égayé à donner sur moi quelques détails dans le *Journal de Paris*, après m'avoir mis en présence avec un lion, dit pompeusement *que nous nous mesurâmes de notre regard superbe, et que ma courageuse intrépidité le détermina enfin à la fuite.*

L'attitude est belle assurément; mais, en me prêtant un

regard si puissant, il faudrait encore m'avoir donné la force et la massue d'Alcide. Quoi qu'en pense mon critique, il est certain qu'à moins d'être un être extravagant ou en délire, la première réflexion que fait un homme quelque courageux qu'il soit, quand il se trouve devant un ennemi formidable, c'est de comparer ses forces avec celles de cet ennemi ; et s'il les sent très inégales, nécessairement le sentiment du péril qu'il court doit lui faire impression.

Voilà du moins ce que j'ai constamment éprouvé, et certes je me vante de n'être pas plus poltron qu'un autre. Oui, toutes les fois que je me suis trouvé *en présence* d'éléphants, de rhinocéros, de tigres, de lions, j'avoue que, malgré la confiance que m'inspiraient mes armes, loin de m'être jamais au premier instant trouvé entièrement dépouillé de crainte, je me suis, au contraire, toujours senti une palpitation violente et quelque trouble voisin de la peur.

Mais cet instant est court et ne m'empêche jamais d'attaquer, bien certain de la supériorité que me donnent et ma prudence et mes armes. Alors, écartant toute idée de danger, je marche droit à l'ennemi, quelque terrible qu'il soit, et ne cherche plus qu'à le tuer, à le blesser, ou tout au moins à le faire fuir si c'est une bête féroce.

Attendre en embuscade un lion, le tirer lorsqu'il passe n'est point sans danger ; mais attaquer de front une lionne entourée de son mâle et de ses petits, l'attaquer dans son fort impénétrable, c'est là une audace qui frise de bien près l'extravagance, quand d'avance on ne s'est pas procuré les secours en tout genre qui peuvent en assurer le succès. Encore ne serait-elle pas pardonnable si elle n'est pas commandée par une nécessité puissante.

Les sauvages savent par expérience combien sont périlleuses ces sortes d'entreprises ; aussi ne les voit-on jamais s'établir dans un canton où ils soupçonnent des lions nouveau-nés. Malheur à la horde qui en est voisine ! presque chaque nuit elle verra ses troupeaux attaqués. C'est un tribut qu'il lui faudra payer ;

elle tentera rarement même de s'en garantir et attendra plutôt patiemment que la jeune famille, cessant d'être à la charge de ceux qui lui ont donné naissance, les quitte pour aller s'établir ailleurs.

Sans la confiance extrême qu'avait dans mes armes à feu la horde voisine du fourré, jamais elle n'eût osé me proposer une pareille attaque. Moi-même, quoique soutenu par tous mes chasseurs et par mon nombreux cortège, je n'aurais point hésité de m'y refuser, si, en me demandant cette grâce comme un grand service, elle n'eût consenti à en partager tout entière les périls avec nous.

Je n'eus, au reste, qu'à me féliciter de mon expédition, puisque de quatre bêtes que nous avions à détruire la plus redoutable fut tuée, que les trois autres prirent la fuite, et que, pour comble de bonheur, il n'y eut personne de blessé, et, ce qui me parut fort extraordinaire, pas même un seul des bœufs qui furent poussés dans le fourré.

Il est présumable que si nous avions tué le lion en premier, nous serions parvenus à détruire la famille entière ; mais si l'un des lionceaux l'eût été avant sa mère, il n'est pas douteux qu'il en eût coûté la vie à quelqu'un d'entre nous, car la mort d'un des petits eût indubitablement mis la mère en fureur, et, bravant tous les dangers, elle se serait jetée sur la troupe. Aussi avais-je expressément recommandé de ne pas tirer sur les petits avant d'avoir tué les vieux.

Satisfait d'avoir délivré la horde de ce fléau et n'ayant aucun motif de rester plus longtemps auprès d'elle, je fixai mon départ au surlendemain.

Je partis, en effet; mais mes gens étaient si exténués par les plaisirs de tout genre auxquels ils s'étaient livrés pendant notre séjour dans la horde, qu'un grand nombre, ne pouvant suffire à la marche, restèrent en arrière à différentes distances; enfin le nombre des traîneurs devint si considérable que je dus m'arrêter et faire halte, bien avant la fin de la journée, dans un coude des montagnes où la chaîne, changeant de direction, tournait au sud-est.

Ce fut là qu'après avoir cessé de voir des girafes depuis longtemps, j'en aperçus pour la première fois. Mes guides m'assurèrent que plus on avançait à l'ouest, plus ces animaux devenaient rares.

J'appris, à mon retour au Cap, que Pinard, après notre séparation, ayant remonté l'Orange pendant plusieurs jours, avait constamment vu des girafes sur la rive droite et jamais sur la rive gauche du fleuve.

Moi-même, je n'ai jamais entendu dire qu'on en ait trouvé sur celle-ci, d'où je conclus que, dans cette partie méridionale

Lion.

de l'Afrique, le canton où vivent les girafes est une bande d'environ quatre degrés, c'est-à-dire l'intervalle qui sépare le fleuve des Poissons de l'Orange.

Ce n'est cependant pas qu'elles aient été reléguées là exclusivement par la nature et qu'il n'en puisse exister ailleurs. On en a vu à Galam, sur le Sénégal, et à trois cents lieues de son embouchure; au moins voilà ce que j'ai entendu dire par des gens dignes de foi.

Nous lisons d'ailleurs dans les auteurs anciens que l'Inde en a eu, et si les voyageurs modernes n'en parlent pas, c'est que

9

la race y aura été détruite, ou que, devenue moins nombreuse, elle se sera retirée au loin dans les déserts. Bruce prétend en avoir aperçu une en Abyssinie; mais était-ce véritablement une girafe? Il est permis d'en douter, puisqu'il assure qu'elle avait les cornes d'une antilope.

.... J'arrivai bientôt à un nouveau kraâl : hommes, femmes et enfants, tous ses habitants vinrent me visiter. Le sauvage de ces contrées ne connaît guère, vis-à-vis des étrangers, que deux sentiments, ou une méfiance outrée, ou une confiance sans bornes. Tout un, ou tout autre, il n'admet point dans ses rapports de nuances intermédiaires. Ces détours astucieux que nous nommons prudence et circonspection, lui sont étrangers. Aussi, comme il se montre à vous tel qu'il est, vous ne pouvez vous méprendre à ses procédés; vous êtes averti de vous tenir sur vos gardes, ou invité à vous confier à lui avec sécurité.

J'indiquai pour le lendemain une chasse aux girafes; toute la horde y concourut et fut employée à rabattre vers nous ces animaux. Nous eûmes le bonheur de tuer une femelle qui, mesurée, avait treize pieds six pouces de hauteur; ce qui, au dire des indigènes, est pour elle la plus grande taille.

A l'inspection de ses dents, elle fut jugée très vieille; aussi sa couleur approchait-elle beaucoup de celle des mâles. J'aurais bien désiré rencontrer une femelle avec son petit; j'aurais peut-être réussi à prendre le jeune animal vivant.

A mesure que je me rapprochais de mon camp, je me rappelais le besoin que j'avais de me procurer des bœufs; la horde en possédait beaucoup, mais je ne pus en acquérir que sept, parce que je manquais d'objets d'échange. Ils eussent désiré du tabac et du dagha (feuilles de chanvre), et sur ces deux denrées, j'étais dans l'impossibilité de les satisfaire. Il me restait encore une quantité considérable de verroteries, mais ils n'en faisaient aucun cas.

Heureusement les femmes virent dans mes effets certains grains rouges et blancs de la grosseur d'une aveline dont la bigarrure leur plut tellement que, pour s'en procurer, elles auraient donné tout ce qu'elles possédaient. Les hommes s'en montrèrent également envieux. Je leur cédai aussi quelques douzaines de gros clous avec du fil de laiton pour faire des bracelets, et ces trois objets me suffirent pour mes échanges.

De pareilles remarques paraîtront peut-être peu importantes à quelques personnes ; mais elles le sont au contraire grandement pour les voyageurs qui pourraient avoir le désir de visiter l'Afrique, et, à ce point de vue, je ne dois point les omettre.

Un peu après avoir quitté cette horde, il m'arriva un accident qui faillit me coûter la vie : un de mes bœufs avait pour charge des boîtes de quincaillerie. L'une de ces boîtes, mal attachée apparemment, faisait par son ballottement un bruit qui inquiéta l'animal. Impatienté de ce cliquetis continuel, il fit un effort pour s'en débarrasser, et, en effet, elle tomba par la secousse. Les autres boîtes, dégagées et entraînées par la chute de celle-ci, tombèrent aussi et firent par là un tel vacarme que le bœuf et tous ceux qui l'entouraient se débandèrent et se dispersèrent avec effroi.

L'épouvante se communiquant au reste du troupeau, chèvres, moutons, chevaux s'écartèrent chacun de son côté. En un instant le désordre fut dans la caravane, et les conducteurs eux-mêmes, entraînés par leurs bêtes qu'ils ne pouvaient arrêter, couraient de tous côtés avec elles.

Cependant, le plus éloigné des fuyards, qui était le bœuf porteur, gêné dans sa course par des courroies dont il ne pouvait parvenir à se débarrasser, s'arrêta tout à coup et, en se débattant, se mit à mugir avec force.

Je piquai vers lui dans le dessein de le repousser vers la caravane. Il répondit à mes efforts par un coup de corne qu'il porta dans le flanc de mon cheval et qui me déchira la jambe.

Le pis de l'aventure fut que mon cheval, se jetant de côté par un saut de mouton, me lança en avant à dix pas de lui et prit la fuite.

Heureusement, dans cette chute, mon arme ne m'échappa point

des mains. Ce bonheur me sauva la vie. Le bœuf, la tête baissée, se portait sur moi pour me percer de ses cornes. J'armai mon fusil, et, par un des plus heureux coups que j'aie jamais tirés, j'étendis l'animal à quelques pas de moi.

Il appartenait à un des Kaminouquois de ma suite. En ce moment, son maître accourait pour le saisir et le ramener, et il n'arriva que pour lui voir rendre le dernier soupir. Ce spectacle jeta le pauvre homme dans la désolation; il se mit à pleurer comme un enfant et à faire l'éloge de son bœuf, qui était, disait-il, le meilleur et le plus chéri qu'il eût jamais possédé et dont il regretterait la perte toute sa vie.

Cependant, quand je lui eus promis de lui en donner un autre ou de lui payer le sien à son estimation, ses larmes tarirent tout à coup et ses lamentations cessèrent. Cet homme inconsolable se consola même si promptement, qu'ayant appelé quelques-uns de ses compagnons, il se mit avec eux à écorcher son meilleur ami et à le couper en quartiers pour commencer à s'en régaler le jour même. Pendant ce temps, je faisais ramasser mes effets épars de tous les côtés sur le sol. Cette opération fut si longue, que dans notre journée nous ne pûmes faire que cinq lieues....

La journée du lendemain ne nous avança guère plus, mais ce fut par suite d'un accident d'un autre genre, par l'effet d'un de ces vents terribles du sud-est qui sont l'un des phénomènes les plus étonnants et l'un des plus redoutables fléaux de l'Afrique.

Ce vent s'annonça dès le matin, et, augmentant d'intensité de moment en moment, il nous apporta des nuages de sable et de gravier qui nous aveuglaient et nous empêchaient d'avancer. Sa violence, accrue encore par la résistance que lui opposaient les hautes montagnes que nous avions à l'est et à travers desquelles il était obligé de s'engouffrer, devint telle enfin qu'il fallut faire halte.

On déchargea les bœufs, on mit tous les ballots en tas, et on les couvrit de grosses pierres pour empêcher qu'ils fussent emportés.

Quant à nous, il nous fut impossible de dresser une tente. Ainsi sans asile et sans abri, notre seule ressource fut de nous tenir accroupis ou couchés par terre, respirant plus de poussière que d'air et aveuglés par le sable.

Le soir venu, nous nous entourâmes, à notre ordinaire, de grands feux; mais, le vent n'ayant point diminué, le bois que nous avions amassé se consuma si rapidement que nous fûmes contraints de nous en passer pendant les trois quarts de la nuit. Nous avions cependant tout à craindre des bêtes féroces, dont nous avions aperçu dans notre marche de nombreuses traces.

Cette cruelle nuit se passa dans une agitation et des transes dont il me serait impossible de donner une juste idée à mes lecteurs. Nous attendions avec impatience le retour du soleil; mais sa présence, bien loin de rétablir le calme dans l'atmosphère, ne fit qu'accroître et redoubler la fureur des éléments. Bien que le ciel ne fût voilé par aucun nuage, l'air était obscurci par des tourbillons de sable qui, pressés les uns par les autres, passaient au-dessus de nos têtes.

Ce n'était là ni un orage, ni un ouragan, c'était un vrai et épouvantable typhon.

Paterson, qui en a éprouvé un pareil au delà de l'Orange, dit qu'autour de lui beaucoup d'arbres furent déracinés. Il n'y avait point d'arbres auprès de nous, mais j'y voyais le vent former en tourbillonnant des cavités profondes, enlever au loin les terres et les sables et les laisser retomber en pluie. Tout ce que nous apprêtâmes pour notre nourriture était tellement couvert de sable, qu'il nous fut impossible de rien manger.

A cette gêne insupportable se joignait l'inquiétude que me causaient mes troupeaux, qui, ramassés tous en peloton, restaient immobiles sans vouloir manger. Le pis de l'aventure était que nous n'avions pas une goutte d'eau dans les environs de notre camp.

Vers midi, voyant que le vent ne cessait point, nous

prîmes le parti de nous mettre en marche vers un groupe de montagnes que nous avions au sud-est. On découvrit mes ballots qui étaient ensevelis sous le sable, on chargea les bœufs, et nous partîmes. Mais quoique nous eussions le vent un peu de côté, il nous gêna beaucoup dans notre route. En vain nos sauvages cherchaient-ils à conduire les bœufs en droite ligne vers les montagnes; l'impétuosité du vent était si terrible que ces pauvres bêtes, malgré tous leurs efforts, dérivaient insensiblement, ainsi que nous-mêmes, de sorte que souvent nous avions le dos tourné à la direction que nous nous proposions de suivre.

Ce que je dis ici ne surprendra pas les personnes qui, ayant voyagé dans les parties méridionales de l'Afrique, se rendent compte des effets terribles et désastreux du vent de sud-est, et savent que si certains cantons et surtout certaines montagnes de ces régions n'ont aucune espèce de végétation et sont par conséquent inhabitables, c'est qu'ils y sont particulièrement exposés.

Enfin cependant, vers le soir, la fureur du vent s'apaisa; le calme se rétablit assez rapidement, et nous eûmes une nuit tranquille. Nous pûmes considérer ce moment de relâche comme un coup de la Providence, car il sauva la vie à nos troupeaux.

Le lendemain avant le jour, nous nous remîmes en marche vers une horde namaquoise où nous fûmes à peine arrivés que l'ouragan reprit de plus belle....

Quand le vent fut tout à fait apaisé, les animaux sauvages, et surtout les zèbres isabelles, reparurent dans la plaine.

Depuis longtemps j'étais très désireux d'avoir un de ceux-ci, et, malgré tous mes efforts, je n'avais pu y réussir. J'employai encore une journée tout entière à les chasser; je les poursuivis jusqu'à plus de sept lieues de la horde, mais il me fut impossible de les joindre.

Ce quadrupède farouche et inabordable est, avec quelques

oiseaux de haut vol, le seul de tous les animaux d'Afrique que j'aie vu sans pouvoir me le procurer....

« Après avoir rejoint le camp qu'il avait laissé au bord de l'Orange et où il retrouva tout le monde et toutes choses en excellent état, Le Vaillant reprit sa route vers le Cap.

» Plusieurs accidents, notamment le vol de son troupeau par des Boshjesman, qu'il poursuivit et rejoignit après de grandes fatigues et d'immenses périls, mais auxquels il ne reprit que des animaux éclopés et fourbus, marquèrent ce retour.

» Parvenu enfin au kraâl d'une horde de Gheyssiquois, où il reçut l'accueil le plus amical, notre aventureux explorateur s'efforçait d'oublier ses fatigues en admirant la merveilleuse magnificence d'un paysage aussi pittoresque que grandiose. Rendons-lui ici la parole : »

La fraîcheur du bocage, dit-il, les eaux qui venaient à plaisir le baigner, les fleurs variées qui l'ornaient et dont l'odeur embaumait l'air, tout semblait concourir à m'engager à me fixer pour quelque temps en ces lieux. Qui aurait pu se douter que l'enfer fût si près de cet éden!

Nous campions sur une sorte d'esplanade d'environ quatre cents pieds de circonférence, unie comme si elle eût été nivelée de mains d'hommes, et qui avait pendant longtemps servi de parc au bétail de la horde.

Les excréments des animaux, en s'y accumulant, y avaient formé à la longue une couche épaisse de plusieurs pieds qui, broyée et triturée par leurs piétinements et délayée par leur urine et par les pluies, était devenue un banc de tourbe, un terrain sulfureux et inflammable.

Il eût été difficile de s'en apercevoir, toute la surface étant recouverte de plusieurs pouces de sable fin que les vents y avaient apporté. Mais on n'eut pas plus tôt allumé les feux de nuit que ce fumier desséché alluma par degrés sa calotte, et que ce feu, naissant sourdement à travers la masse et pénétrant de tous côtés, l'embrasa tout entière.

A mesure qu'elle brûlait et se réduisait en cendres, son affaissement produisait des vides qui, donnant passage à l'air, augmentaient et propageaient l'embrasement. Enfin, vers le milieu de la nuit, l'incendie éclata au dehors. Les flammes s'élevèrent, et ceux qui les premiers s'en aperçurent crièrent au feu.

Je dormais dans mon chariot. Les clameurs m'éveillèrent en sursaut, et on peut imaginer quelle fut ma frayeur quand je vis, à la clarté des vingt colonnes de feu qui s'élevaient au milieu du camp, mes Hottentots enlevant leurs huttes, courant à travers les flammes pour réunir les bêtes effarouchées qui ne pouvaient faire un pas sans enfoncer dans le sol et sans en faire sortir des flammes nouvelles.

Dans un pareil moment, il est pardonnable d'avoir des idées fort extraordinaires, surtout quand on voit pour la première fois un phénomène si singulier et dont on n'avait jamais entendu parler; ma première pensée fut qu'un volcan venait de s'entr'ouvrir sous nos pieds et que nous nous trouvions au centre de son cratère.

Le feu cependant n'avait pas encore pénétré jusqu'à moi; mes trois chariots étaient même au-dessus du vent, et, par un hasard heureux, ils paraissaient n'avoir rien à craindre, au moins pour le moment. Aussi tous mes gens me crièrent-ils de rester en repos au lieu où j'étais et de ne pas m'inquiéter. Quelques-uns d'entre eux connaissaient d'ailleurs, soit par eux-mêmes, soit par ouï-dire, ces sortes d'embrasements, et c'est ce qui fit que, ne perdant point la tête, ils purent porter partout des secours efficaces.

En un instant, hommes et femmes se mirent après mes chariots, qui furent traînés assez loin pour n'avoir plus rien à redouter de l'incendie.

Personne heureusement ne périt dans cette bagarre; mes bœufs seuls souffrirent de l'accident; plusieurs eurent des brûlures graves qui les estropièrent, et l'un d'eux périt sans qu'il fût possible de le secourir.

Ce fut un spectacle à la fois horrible et sublime que de voir cet énorme animal se débattre au milieu des flammes, dont ses trépignements désespérés augmentaient encore la violence. Le feu était si violent qu'il fut rôti jusqu'aux entrailles, et après l'incendie, mes gens mangèrent ce qui en restait sans autre apprêt.

.... Je ne saurais trop recommander aux visiteurs de l'Afrique de ne jamais camper sur de vieux kraâls abandonnés, et cela sous peine de mort; il n'est pas douteux, en effet, que, si le vent eût soufflé vers le côté où j'étais, l'incendie se fût communiqué à mes voitures, et il est plus que probable que, couché comme je l'étais dans le chariot qui contenait ma provision de poudre, j'aurais infailliblement sauté en l'air et péri avant que personne se fût aperçu du feu.

Le reste de la nuit se passa à déménager le camp et à nous poster sur la terre ferme. Nos bœufs affolés s'étaient éparpillés dans les bois, et nous eûmes grand'peine à les en déloger et à les rassembler autour de nous. . . . .
. . . .

En quittant ce campement, je me rapprochai des rives de l'Orange, et comme un des principaux buts de mon exploration était de reconnaître le cours de ce fleuve, je le côtoyai très exactement, ne m'en éloignant que lorsque nous trouvions sur ses bords des rochers qui, par leur hauteur ou par leur escarpement, nous obligeaient à des détours.

Après quelques jours de marche, nous découvrîmes une île où je fus curieux de pénétrer. Mes compagnons ne furent point embarrassés pour y aborder, tous les sauvages de ces contrées étant excellents nageurs. Quant à moi, j'employai le moyen dont je m'étais déjà servi précédemment pour traverser l'*Éléphant*, c'est-à-dire que j'enfourchai un tronc d'arbre, et que mes nageurs, les uns en le tirant en avant, les autres en le poussant par derrière, me firent arriver.

Cet expédient avait failli me coûter la vie à ma première épreuve; mais cette fois j'avais une traversée trop peu large, et j'étais trop éloigné de la mer pour avoir le moindre danger à craindre.

Quoique l'île ne parût renfermer aucun être vivant, il y avait néanmoins en ce moment plusieurs hippopotames de cachés, et c'est ce qui me l'a fait appeler *l'île des Hippopotames*.

En nous voyant apparaître, quelques-uns de ces animaux, effarouchés, s'élancèrent dans la rivière.

L'un de ces amphibies s'était trouvé sur le passage de Klaas, qui le tira et le tua du coup : c'était un jeune. Le bruit de l'arme en fit lever d'autres, et en moins d'une minute j'en vis plus de douze, de tout âge et de toute grosseur, se jeter à l'eau et disparaître subitement.

Je n'aurais jamais cru qu'un animal, si peu léger sur terre, eût dans l'eau une aussi prodigieuse vitesse.

Il n'aurait pas été prudent de passer la nuit dans l'île. Je connaissais trop bien les fleuves d'Afrique, et en particulier l'Orange, qui, par une crue rapide, pouvait en peu d'heures nous surprendre et nous submerger. Aussi, après avoir levé sur notre hippopotame quelques morceaux qui pussent nous fournir des grillades pour notre souper, nous traversâmes l'autre bras de la rivière et allâmes passer la nuit sur la rive droite, et assez loin pour n'avoir rien à craindre d'un débordement s'il se produisait.

Mon intention était de revenir dans l'île le lendemain ; mais, en nous réveillant, nous aperçûmes un troupeau immense d'éléphants qui nous fit changer de résolution. Il y avait au moins cent de ces animaux, et plusieurs portaient des défenses dont la beauté tentait grandement mes chasseurs.

Comme ils se trouvaient à portée du fusil, nous leur envoyâmes quelques balles qui les firent fuir. Nous nous mîmes aussitôt à leur poursuite, non que nous osassions nous flatter de les atteindre, mais parce que nous pensions qu'il devait y en avoir de blessés qui resteraient en arrière. Nous vîmes, en effet, plusieurs traces de sang qui nous servirent d'indices pour la poursuite, et que nous suivîmes pendant une grande partie du jour. Mais, le soleil commençant à baisser, je craignis de me trouver pris par la nuit au milieu du désert, et je regagnai l'Orange.

Les sauvages disent que ce fleuve est traître ; rien effectivement n'est plus perfide que ses crues subites. Souvent, pendant qu'il est à ses plus basses eaux, tout à coup, en moins de vingt-quatre heures, il monte au maximum de ses plus grandes inondations. Quelquefois aussi ses débordements se soutiennent pendant six semaines ou deux mois.

Voilà ce que j'avais à redouter et ce qui rendait prudent de nous rapprocher au plus tôt du rivage. Il nous fallut forcer la marche, ce qui, après les fatigues extrêmes d'une journée de course passée sans nourriture, devenait un rude travail. Mais enfin nous arrivâmes avant la nuit, et le lendemain nous nous remîmes à la nage pour repasser dans l'île et ensuite regagner la rive gauche sur laquelle était installé mon camp.

Aussitôt que nous eûmes pris terre, nous allâmes à l'hippopotame, dans le dessein d'en enlever encore quelque provision pour notre déjeuner. Sur son cadavre, un superbe vautour s'occupait avec un grand empressement de le dévorer. Jamais je n'en avais vu d'aussi grand, et l'on peut imaginer quelle fut ma joie ; cette joie nuisit à la justesse du coup que je tirai pour l'abattre. En me pressant trop, j'ajustai mal et ne fis que le blesser assez légèrement.

Bien que déjà il se fût gorgé d'une grande quantité de chair, son acharnement et sa faim étaient encore tels, qu'en cherchant à s'envoler, il arrachait encore sa proie avec le bec comme s'il eût voulu l'enlever tout entière avec lui.

D'un autre côté, le poids des viandes qu'il venait de dévorer l'appesantissait et ne lui permettait pas de prendre aisément son vol. Nous eûmes le temps d'arriver sur lui avant qu'il se fût enlevé, et nous cherchâmes à l'assommer à coups de crosse. Il se défendit longtemps et avec toute l'intrépidité possible. Il mordait en frappant du bec nos fusils ; sa force était si grande encore qu'à chaque coup il en éraflait les canons. Il succomba enfin, et sa possession, par le plaisir qu'elle me causa, me dédommagea amplement de toutes les peines et fatigues que m'avait occasionnées ma petite excursion.

Ce vautour, que je possède dans mon cabinet, est sans contredit le plus beau de tous ceux de son genre, et forme une espèce entièrement nouvelle. Il a plus de trois pieds de haut et huit à neuf pieds d'envergure; quant à sa force, s'il est permis d'en juger par ses nerfs et ses muscles, elle doit avoir été considérable. La contenance de son estomac est telle que, bien qu'il ne fût pas complètement repu, j'en retirai six livres et demie de chair d'hippopotame.

Ses plumes, dont le ton général est d'un brun clair, ont sur la poitrine, le ventre et les côtes, un caractère particulier : inégalement longues entre elles et pointues, elles sont contournées en lames de sabre, et se hérissent en se séparant les unes des autres. Ces plumes ainsi désunies laisseraient apercevoir la peau sur tout le sternum, si elle n'était entièrement couverte d'un magnifique duvet blanc très touffu que l'on voit très aisément à travers le plumage hérissé.

Un célèbre naturaliste a écrit que « aucun oiseau n'a de cils ni de sourcils, ou qu'aucun au moins ne porte du poil autour des yeux comme les quadrupèdes. » Cette assertion, présentée comme une loi générale de la nature, est une erreur; non seulement le vautour dont je parle en a, mais je connais encore quantité d'espèces qui en sont également pourvues. Tels en général tous les calaos, le secrétaire et plusieurs autres espèces d'oiseaux de proie. Outre ces cils, le vautour dont il est ici question porte sur la gorge des poils raides et noirs; toute la tête et une partie du cou sont dénués de plumes. Cette peau, nue, d'une couleur rougeâtre, est nuancée en certains endroits par du bleu, du violet et du blanc. L'oreille, dans son contour extérieur, est circonscrite par une peau relevée formant une espèce de conque arrondie qui nécessairement doit augmenter dans cette espèce la faculté de l'ouïe. Cette sorte de conque se prolonge en descendant le long du cou. C'est ce caractère particulier à cette espèce qui me l'a fait désigner sous le nom d'*oricou*, que je lui conserverai dans mon histoire des oiseaux.

Dans ma hâte de préparer mon oricou, je quittai l'île avant le coucher du soleil et allai passer la nuit sur la rive gauche de l'Orange. Le lendemain, je continuai ma route en suivant toujours le cours du fleuve.

Dans la crainte de manquer de nourriture, nous avions emporté une certaine quantité de notre hippopotame; mais nos précautions furent inutiles. A mesure que nous approchions de l'embouchure du fleuve, nous trouvions sur le rivage une multitude de gelinottes, de flamants, de pintades, d'oies, de canards et d'autres oiseaux de différentes espèces. Le nombre en était tel que nous ne faisions aucune provision, peu inquiets le matin de ce dont nous souperions le soir.

Parmi ces oiseaux destinés à notre cuisine, quelques-uns étaient dignes de figurer dans mon cabinet; je les préparais sur place, et pour ne point trop nous embarrasser en multipliant les paquets, j'imaginai de les fourrer dans le ventre de mon oricou, qui me servit ainsi de porte-manteau.

Les arbres étaient remplis d'une espèce de singes dont j'eusse désiré enrichir ma collection; mais ces animaux étaient si rusés et si défiants que, malgré tous les stratagèmes auxquels nous eûmes recours, il ne nous fut pas possible d'en approcher aucun d'assez près pour le tirer.

Nous rencontrâmes dans notre route trois indigènes qui parurent fort surpris de nous voir. L'un d'eux, qui était Hottentot et qui avait séjourné au Cap—ses deux camarades étaient, nous dit-il, des petits Namaquois, — parlait fort bien le hollandais. Nous apprîmes par eux que nous avions encore au moins quatre jours de marche avant d'arriver à l'embouchure du fleuve, et que nous courrions grand risque d'y être massacrés par les Boshjesman, qui étaient en force dans toute cette partie. Ils ajoutèrent qu'en avançant nous trouverions le pays le plus aride que nous eussions encore vu.

J'ai toujours soupçonné ces trois hommes de faire partie des Boshjesman dont ils avaient voulu nous faire peur. En tout cas, il est certain qu'ils avaient des raisons particulières pour nous détourner d'aller plus en avant. Nous ne pûmes jamais apprendre d'où ils étaient, ni ce qui les avait conduits à l'endroit où nous les trouvâmes. Le premier que nous aperçûmes avait l'air de se cacher; il fut très inquiet quand nous le vîmes, et ce n'est qu'après un certain temps que nous apprîmes qu'il avait deux compagnons. Ils étaient armés de flèches empoisonnées, et chacun d'eux portait une sagaie dont la pointe était faite d'un os de poisson très affilé.

Cette aventure nous donna beaucoup à penser; nous n'étions pas assez nombreux pour n'avoir point à compter avec le danger. Nous tînmes conseil, et comme le temps que je m'étais proposé d'employer à notre petite excursion était écoulé, nous convînmes d'un commun accord de regagner le camp au plus vite. Ce ne fut pas sans regret que je renonçai ainsi à reconnaître l'embouchure de l'Orange dont Paterson, dans son voyage, a déterminé, le premier, la position géographique.

Mais comme il aurait été imprudent de nous fier à ces trois hommes qui nous paraissaient très suspects, je les obligeai à nous suivre. Nous nous emparâmes de toutes leurs armes en leur promettant de les leur rendre quand nous serions près de notre camp.

Ils nous les remirent de bonne grâce, mais non cependant sans laisser paraître une grande frayeur et en nous assurant que nous n'avions rien à craindre de leur part. Tout en feignant de les croire, je m'arrangeai pour qu'ils ne fussent pas perdus de vue.

Nous reprîmes le chemin du camp en remontant la rivière absolument sur les mêmes traces que nous avions suivies pour la descendre. A la couchée seulement, nos prisonniers parurent se rassurer et causèrent avec nous; ceux qui se donnaient pour des petits Namaquois, et qui du reste parlaient la langue de ces peuples, s'efforcèrent de nous persuader de leurs sympathies et de leur dévouement, ce qui ne m'empêcha pas de continuer à les surveiller de près. Ils pouvaient fort bien, en effet, tout en appartenant à une tribu de petits Namaquois, s'être enrôlés parmi les Boshjesman ; car, ainsi que je l'ai fait remarquer à plusieurs reprises, ces pirates des solitudes de l'Afrique méridionale et australe sont des vagabonds de toutes les nations qui se réunissent, s'associent pour piller les kraâls et détrousser indistinctement tous les voyageurs.

La nuit cependant s'était passée sans alerte lorsque, au point du jour, nous fûmes tous réveillés par les cris d'appel d'une de nos sentinelles. Nous courûmes à elle, et nous la trouvâmes qui se débattait contre un de nos prisonniers, lequel cherchait à lui enlever son fusil. A peine nous eut-il aperçus que, lâchant prise, il se sauva à toutes jambes ; son camarade était déjà parti. Ne me souciant pas de perdre mon temps à les poursuivre, je me bornai à faire arrêter le Hottentot ; on lui lia les mains derrière le dos, et on lui attacha les deux jambes de façon que, tout en pouvant suivre la caravane, il lui fut impossible de courir et de nous échapper.

Pendant que nous le garrottions, il protestait de son innocence ; il affirmait être demeuré complètement étranger au complot de ses compagnons qu'il appelait de toutes ses forces, mais sans qu'ils eussent garde de revenir.

Cette petite aventure, en nous prouvant que nous avions réellement bien raison de redouter une attaque de Boshjesman, nous décida à quitter le frais abri des arbres qui bordent la rivière et à marcher en plaine, où l'inconvénient de se montrer à découvert était plus que compensé par l'avantage de n'être exposé à aucune surprise.

Cependant les entraves que nous avions mises à notre Hottentot, gênant et retardant singulièrement notre marche, nous nous décidâmes à les lui retirer.

Quand la nuit nous surprit, nous n'étions plus qu'à quatre lieues de notre camp ; néanmoins, et malgré notre désir d'y arriver, nous comprîmes que la prudence nous imposait le devoir de faire halte.

Après avoir pris toutes les précautions nécessaires pour empêcher notre prisonnier de s'évader, nous passâmes une nuit paisible. Au point du jour, n'ayant plus rien à redouter, puisque nous étions si près du camp, je le fis délier et lui rendis la liberté, non toutefois sans lui recommander de ne jamais se montrer aux abords des lieux où je me trouvais.

En arrivant au camp quelques heures après, j'y trouvai un vieux chef kaminouquois qui s'y était rendu avec une vingtaine de ses gens, et qui m'y attendait pour me saluer et pour m'offrir un *fourmilier* vivant qu'il venait d'attraper.

Cet animal, très difficile à se procurer et peu commun dans nos cabinets d'histoire naturelle, se terre et ne chasse que la nuit.

Comme ceux de la Guyane et des autres contrées connues, il ne vit que de fourmis ; il attaque même les termittes dans leurs retraites souterraines, et la nature lui a donné aux pieds de devant et de derrière de longs et larges ongles un peu crochus, dont il se sert pour ouvrir et briser les voûtes, et avec lesquels il creuse sa tanière.

La langue de celui-ci avait seize pouces de long, et elle ressemblait pour la forme à celle des autres animaux de la même espèce ; mais il en différait par la queue rase et par les poils rudes et courts qui lui couvraient le corps.

Ce fourmilier, excessivement gras, passe parmi les Hottentots et les colons pour un manger délicieux et auquel rien ne saurait être comparé. Les Kaminouquois qui me l'avaient apporté étant du même avis, je voulus en goûter. Je lui trouvai un fumet si musqué, un goût de fourmi si détestable qu'il me fut impossible d'avaler même le premier morceau que j'avais porté à la bouche ; mais ce qui me rebutait était précisément ce qui rendait ce gibier si exquis pour les sauvages. Eux qui mangent avec tant de plaisir des nymphes de fourmis quand ils en rencontrent, ne peuvent manquer de trouver excellente toute espèce de viande qui en a le goût.

.... Le jour de mon arrivée au camp, j'avais remarqué sur ma route un arbre qui portait un énorme nid de cette espèce d'oiseaux auxquels j'avais donné le nom de *républicains*, et je m'étais proposé de le faire abattre pour ouvrir la ruche et en examiner la structure jusque dans ses moindres détails.

Quelques hommes que j'envoyai à cet effet avec un chariot me l'apportèrent au camp ; je le dépeçai à coups de hache, et je vis que la pièce fondamentale du nid était un massif composé, sans aucun autre mélange, de l'herbe dite des Boshjesman, mais si serré et si bien tissu, qu'il était impénétrable à l'eau des pluies.

C'est par ce moyen que commence la bâtisse, et c'est là que chaque oiseau applique et construit son nid particulier. Mais on ne bâtit de cellules qu'en-dessous et autour du massif. La surface supérieure reste vide, sans néanmoins être inutile. Comme elle a des rebords saillants et qu'elle est un peu inclinée, elle sert à l'écoulement des eaux et préserve chaque habitation de la pluie.

Qu'on se représente un énorme massif irrégulier, dont le sommet forme une espèce de toit et dont toutes les autres surfaces sont entièrement couvertes d'alvéoles pressées les unes contre les autres, et on aura une idée assez précise de ces constructions vraiment singulières.

Chaque cellule a trois ou quatre pouces de diamètre, ce qui suffit pour l'oiseau ; mais, toutes se touchant par une très grande partie de leur surface, elles paraissent à l'œil ne former qu'un seul corps et ne sont distinguées entre elles que par un petit orifice extérieur qui sert d'entrée au nid, et qui quelquefois même est commun à trois nids différents, dont l'un est placé dans le fond et les deux autres sur les côtés.

Le nid dont je parle, et qui était le plus considérable que j'aie vu dans mes pérégrinations africaines, contenait trois cent vingt cellules habitées, ce qui, en supposant un ménage composé de mâle et femelle, annoncerait une société de six cent quarante individus, non compris les petits.

Ce calcul néanmoins ne serait pas d'une complète exactitude. Dans plusieurs espèces d'oiseaux du Cap et des colonies, les femelles étant beaucoup plus nombreuses que les mâles, il arrive qu'un mâle est souvent commun à plusieurs femelles. Cette particularité s'applique surtout aux républicains ; chaque fois que j'ai tiré dans une volée de ces oiseaux, j'ai toujours tué au moins trois fois plus de femelles que de mâles.

Ces oiseaux n'ont, du reste, rien de bien remarquable dans leur plumage, qui est d'un gris brun uniforme, égayé sur les flancs par quelques taches noires et sur la gorge par une large plaque de même couleur. Le mâle est un peu plus gros que la femelle. Mais sous tous les autres rapports, il a avec elle une exacte ressemblance.

Il arrive assez souvent qu'une de ces républiques est envahie par des oiseaux d'espèces différentes ; j'ai vu moi-même un de leurs nids devenir la conquête de petits perroquets.

Les oiseaux qui commettent ces violences sont ceux qui, tels que les barbus, les pies, les mésanges, les perroquets, ont dans la force de leurs becs la supériorité d'une arme offensive à laquelle les faibles et infortunés républicains ne peuvent résister. Mais on ne voit jamais dans ces intrus que des individus dont la nature est de nicher dans des trous ou dans des creux d'arbres.

Le républicain, n'étant pas connu dans les colonies, n'a pas de nom hollandais. Les Namaquois l'appellent dans leur langue *anaguès*, précédé d'un clappement....

.... Quelques jours plus tard, je levai mon camp, et nous allâmes visiter, à une distance de cinq lieues, une horde de petits Namaquois, où on préparait une grande chasse aux gazelles *spring-bocken*.

Le chef nous invita à être de la partie ; il espérait bien que nos armes contribueraient au succès de la journée, et, pour ma part, j'étais enchanté de terminer mon voyage par une battue de ce genre.

La chasse devait avoir lieu le lendemain, et toute la horde, hommes, femmes et enfants, était occupée aux préparatifs.

Au débouché d'une gorge formée par deux collines, on avait planté deux rangées de piquets qui venaient y aboutir, et qui, placés d'abord à une petite distance l'une de l'autre comme les arbres d'une allée, s'écartaient insensiblement à mesure qu'elles s'allongeaient et allaient se perdre au loin dans la plaine. Les piquets avaient trois pieds de haut, et, de chaque côté, régnait une courroie à laquelle étaient suspendues, de distance en distance, des plumes d'autruche. Cette courroie ou ce cordon, qui passait d'un piquet à l'autre, était attaché à leur partie supérieure.

Mais comme il n'eût pas été possible de se procurer assez de courroies pour fournir à la longueur immense de cette double file, on y avait suppléé, au lieu où elles manquaient, en garnissant les bâtons de faisceaux de plumes d'autruche, d'ailes et de bouts de queues d'oiseaux, de morceaux de peaux découpées et même de kross entiers, en un mot, de tout ce qu'on avait cru de nature à servir d'épouvantail au gibier.

Le piège commençait à l'ouverture même de la gorge. Là, on avait creusé en échiquier une vingtaine de fosses de dix pieds de profondeur sur six à sept de large, et recouvertes à leur superficie de manière à être totalement cachées, mais garnies si légèrement que le moindre poids devait enfoncer la couverture.

L'habileté des chasseurs consistait à faire pénétrer les gazelles entre les deux rangées de piquets, et une fois dans l'intérieur, à les pousser dans le défilé où étaient préparées les fosses. Quant à celles qui passaient par-dessus sans s'y précipiter, elles tombaient dans différentes embuscades, où les gens de la horde les attendaient, couchés sur le ventre pour les tirer à coups de flèches au moment où elles débusquaient de la gorge.

On employa la journée entière pour porter et mettre en place l'attirail que je viens de décrire, et le lendemain nous nous mîmes en marche. Comme le rendez-vous fixé était assez éloigné, nous n'y arrivâmes qu'au point du jour.

Nous montions, Klaas et moi, chacun un de mes chevaux; quelques-uns de nos chasseurs, menant nos chiens en laisse, nous suivaient; un certain nombre des sauvages de la horde se joignirent à ma troupe; les autres allèrent s'embusquer le long des palissades, pour empêcher les gazelles de sauter par-dessus.

Au lever du soleil, nous aperçûmes, à une demi-lieue de nous, une harde très considérable de *spring-bocken*, chassée par une troupe de sauvages. Je fis avancer et filer mon monde sur l'un des flancs, pour les forcer insensiblement à se porter dans les palissades. Alors nous commençâmes à les pousser davantage. Enfin, quand celles qui formaient la tête entraient déjà dans l'entonnoir, moi et Klaas nous fondîmes à toute bride sur la queue en poussant de grands cris et tirant de nos fusils et de nos pistolets, tandis que les gens de ma troupe nous secondaient, les uns par la décharge de leurs armes, les autres par ces longs et farouches hurlements dont les sauvages de tous pays ont le secret.

Ce bruit fut un signal pour les hommes cachés près des piquets. Tous se levèrent en hurlant de leur côté, et le vacarme devint assourdissant. Les gazelles, épouvantées et poussées de toutes parts, se pressaient en colonnes et fuyaient avec un désordre qui était vraiment amusant.

Curieux de connaître ce qui se passait à la tête et près des fosses, j'y courus. Je m'attendais à les trouver tout à fait comblées et à voir les gazelles s'y précipiter en tas. Je me trompais. Ces animaux sont si fins qu'ils déjouent les ruses les mieux combinées; leur instinct à cet égard tient vraiment du prodige. Ainsi les premiers arrivés étaient seuls tombés dans le piège; les autres, dès qu'ils l'apercevaient, l'esquivaient en sautant par-dessus.

Pendant plus d'une demi-heure que dura le passage de la harde, ces sauts ne discontinuèrent pas un instant. Je n'ai jamais vu un spectacle semblable à celui de ces milliers de fuyards qui couraient comme le vent et dont la moitié au moins était en l'air.

Il y en eut un certain nombre de tués par nos balles; quelques-uns furent étranglés par mes chiens et d'autres étouffés par la presse; mais on n'en trouva que trente-sept dans les fosses, encore la plupart étaient-ils dans les premiers trous. Les Namaquois en avaient aussi blessé un certain nombre avec leurs flèches empoisonnées et, quoique ceux-ci eussent fui avec les autres, ils se flattaient de les retrouver bientôt.

Cette chasse ne me satisfaisait pas; je considérais ces résultats comme mauvais. Quelle proportion y avait-il, en effet, à établir entre les préparatifs qu'elle avait exigés, l'immense quantité de gibier que nous avions vue, et le nombre des victimes?

On m'assura, au contraire, que ces résultats étaient merveilleux ; de mémoire d'homme on ne se rappelait rien de semblable.

Ordinairement on regardait comme très heureux de prendre une douzaine de gazelles ; souvent même on avait le regret de n'en prendre qu'une ou deux, ce qui arrivait quand la harde était peu nombreuse, ou quand, le nombre des traqueurs et des hurleurs d'embuscades étant trop petit, les bêtes, moins effrayées, fuyaient moins précipitamment. Alors il n'y a que la première qui tombe dans le piège. Les autres, averties par sa chute, sautent par-dessus les fosses. Chacun s'accordait à proclamer que le triomphe de la journée était dû uniquement à ma poudre et à mes chiens.

Il s'agissait maintenant de voiturer le gibier au kraâl. Le jour étant trop avancé, nous convînmes de remettre ce transport au lendemain et de passer la nuit sur le champ de bataille. On envoya néanmoins chercher des bœufs ; ils arrivèrent au point du jour, et nous regagnâmes la horde en triomphe, accompagnés du produit de notre chasse.

Elle était assez abondante pour que chaque famille eût à s'en applaudir. On la divisa par portions égales pour chacun ; une autre partie fut employée en festin, et la horde y ajouta même plusieurs moutons gras ; car chez les Africains, il n'y a point de régals sans graisse et surtout sans graisse de mouton. Enfin la fête se termina par des danses qui durèrent toute la nuit.

Tandis que tout le monde se préparait à dormir, je pris congé de mes hôtes et dirigeai ma route à travers la longue *vallée des spring-bocken*. Cette vallée n'avait pas de nom, mais je lui donnais celui-ci, parce que j'y trouvais une harde de ces animaux beaucoup plus nombreuse encore que celle que nous avions chassée l'avant-veille. Je ne crains pas d'exagérer en disant qu'elle était composée de soixante à quatre-vingt mille têtes.

Partout, sur nos côtés, devant nous, nous ne voyions que des *spring-bocken ;* ces animaux semblaient remplir toute la vallée, et souvent ils nous obstruaient le passage, si bien que nous ne pûmes faire que sept lieues pendant toute notre journée.

Le lendemain, un accident assez grave ne nous permit pas d'en faire plus de trois. Un de mes chariots, ayant versé dans un passage difficile, eut son timon rompu, trois rayons de ses roues de derrière cassés, et, pour comble de malheur, on ne put le relever qu'après l'avoir déchargé en entier.

Il m'était aisé de suppléer au timon ; j'en avais un de rechange sous chaque voiture, mais les réparations de la roue exigeant du temps et le lieu n'étant pas commode pour ce travail, je le remis au lendemain. On entrelaça quelques branches dans les rais cassés pour les soutenir : on allégea le chariot en répartissant sur les deux autres ce qu'il avait de trop lourd, et, dans cet état, nous pûmes faire encore plusieurs lieues et arriver au bord d'une rivière qui nous offrit un campement favorable pour notre séjour et notre réparation.

C'était le 12 juillet, date que je n'oublierai jamais, parce qu'elle fut, d'une part, marquée par le début d'une maladie qui faillit me coûter la vie, et d'autre part, parce qu'elle me procura l'occasion de faire une bonne action et de rendre une famille heureuse.

J'étais arrivé avec du malaise, du frisson et une grande pesanteur de tête; mais ces symptômes ne m'effrayaient pas. Je les attribuais aux fatigues extrêmes que m'avait causées mon excursion vers l'embouchure de l'Orange et même à celles de ma dernière chasse. Dans cette conviction, et supposant qu'il ne me fallait que du repos, j'étais allé me coucher dans mon chariot et j'attendais un sommeil que je ne devais pas goûter.

Pendant ce temps, Klaas faisait dresser ma tente. Tandis qu'on y travaillait, il aperçut au loin une voiture qui paraissait se diriger vers nous, et il courut m'annoncer cette bonne rencontre.

Depuis plus d'un an, je n'avais pas reçu de nouvelles du Cap ; j'ignorais complètement ce qui s'y était passé depuis mon départ, et l'idée que ces étrangers allaient peut-être m'en instruire me causa une profonde émotion.

J'en oubliai mon mal, et, sautant à bas de mon lit, je courus à la rencontre des voyageurs.

Leur chariot était traîné par deux bœufs et conduit par cinq Hottentots ; à leur suite marchaient trois vaches maigres et quelques moutons. Pour eux, ils étaient quatre, un homme, une femme et deux enfants. Mais hommes, animaux, voiture, tout annonçait la plus profonde misère ; les maîtres eux-mêmes en portaient le signe sur les habillements dont ils étaient couverts.

A leur aspect, je me sentis involontairement attendri ; eux, au contraire, en me voyant, témoignèrent la joie la plus vive. Leurs yeux, leurs mouvements l'indiquaient. Les deux époux surtout ne pouvaient suffire à me témoigner leur contentement. A les entendre, c'était pour eux le bonheur le plus grand de m'avoir rencontré, et ils regardaient ce jour comme le plus fortuné de leur vie.

Ne les ayant jamais vus auparavant, je ne pouvais comprendre d'où venait cette allégresse, dont l'expansion contrastait si péniblement avec leurs haillons et leur indigence.

J'avais hâte d'en apprendre la cause, et néanmoins, je ne pus les interroger et satisfaire ma curiosité que quand nous fûmes arrivés au camp et que leur voiture fut rangée près des miennes.

Alors, les introduisant dans ma tente que mes hommes achevaient de dresser, je leur offris des rafraîchissements qu'ils acceptèrent, et nous entrâmes en conversation.

Le mari, né en Afrique ainsi que sa femme, était un de ces hommes inconsidérés et sans caractère, tels qu'on en rencontre à chaque instant dans le monde, et qui, jaloux du repos et des commodités de la vie, mais naturellement paresseux, n'aspirent qu'à s'enrichir promptement pour jouir au plus vite d'une vie tranquille et heureuse. Celui-ci, n'ayant point vu jour à faire dans la colonie une fortune aussi rapide qu'il le désirait et entendant parler de celle qu'avaient faite chez les Namaquois certains individus, avait imaginé de s'y rendre aussi, se flattant de rencontrer parmi eux ce qu'il n'avait pas trouvé chez lui.

Il ignorait cette importante vérité que la fortune est partout où sont l'activité, l'industrie, l'intelligence, et qu'elle n'est que là! Ces qualités d'ailleurs lui étaient complètement étrangères. En revanche, il était singulièrement crédule et imprudent : longtemps il avait entendu raconter des merveilles de la contrée habitée par les Namaquois, et on lui avait conseillé d'aller s'établir dans ce paradis prétendu, où toutes les richesses, ainsi que les productions les plus précieuses du globe, l'attendaient.

A la vérité, plusieurs personnes, tout en lui confirmant les fables ayant cours sur ce magnifique pays qui possédait, disait-on, d'inépuisables mines d'or, l'avaient en même temps effrayé sur les obstacles nombreux qu'il devait s'attendre à y rencontrer.

On lui avait parlé de Boshjesman, de tigres, de lions, de bêtes féroces de toute espèce, ce qui, ajoutait-on, avait jusque-là détourné les colons de s'y établir.

Ebranlé pendant quelque temps dans son dessein de poursuivre la fortune sur ces terres si bien gardées par leurs possesseurs, hommes et animaux, l'imprudent ne put lutter longtemps contre la soif de l'or qui s'était emparée de toutes ses pensées, et la presque certitude de n'avoir qu'à se baisser pour recueillir presque à fleur de terre ce précieux métal, l'avait entraîné jusqu'au lieu où il venait de nous rejoindre; cinq misérables Hottentots marchaient à sa suite.

Il avait entendu parler de moi dans la colonie, et il venait d'apprendre que j'avais parcouru le pays de l'Orange. En conséquence, il avait pris des informations sur ma route et dirigé sa marche de manière à me rencontrer. Le hasard le favorisait au delà de ses espérances, et de là venait la grande joie qu'il avait témoignée en me voyant.

Inutile de dire que sa conversation roula tout entière sur cette terre promise vers laquelle il dirigeait ses pas, sur cette contrée merveilleuse où il devait partout trouver et ramasser à pleines mains, le long des rochers et dans la rivière, de l'or, de l'argent et des rubis. Il ne me parlait qu'avec extase de ces trésors imaginaires.

Persuadé sans doute que nos chariots en étaient chargés, il devait attendre de ma complaisance que je lui en indiquasse les sources, et vraiment, en me voyant, il avait compté sur moi.

Je le laissai débiter à l'aise toutes les sottises dont il s'était bercé l'imagination. Je me fis un scrupule de l'interrompre. Il m'en coûtait même de dessiller ses yeux et de détruire des espérances qui, toutes fausses et chimériques qu'elles étaient, le rendaient heureux. Dissiper son illusion et lui apprendre la vérité, c'était l'affliger, et néanmoins il fallait la lui dire. Je me fis donc apporter tous mes échantillons de minéraux, toutes les pierres, tous les cristaux colorés que moi et ma troupe nous avions ramassés, et lui montrant ces prétendues richesses, dont il pouvait lui-même examiner la nature et apprécier la valeur,

« Voilà, lui dis-je, ce que vous allez trouver. »

Le mari et la femme, après avoir parcouru des yeux ce que je leur montrai, s'entre-regardèrent avec un air d'abattement et de consternation qu'il est plus aisé de se représenter que de dépeindre. Cependant, malgré l'évidence de ces preuves, ils paraissaient encore, en certains moments, indécis sur ce qu'ils devaient croire. De ce que je ne leur montrais pas la monnaie toute battue, il ne s'en suivait point qu'on ne pût trouver de quoi la battre. Cette illusion rentrait à tout moment dans leur âme. Ils m'opposaient le témoignage unanime des colons et les traditions constantes de quatre-vingts ans. Mais bientôt le voile tombait de nouveau, et ce qu'ils voyaient les désabusait enfin de ce qu'on leur avait dit.

Les laisser plus longtemps dans cet état de souffrance eût été une cruauté véritable. Déjà sur leurs visages se lisait une angoisse cruelle; j'avais ravivé leurs espérances.... J'estimai qu'il était temps de ranimer leur courage en substituant des projets raisonnables à des chimères insensées.

L'ignorance, dans ses récits, trompe également sur le bien et sur le mal, parce que, ne pouvant apprécier ni l'un ni l'autre, elle les accepte tous deux. Lorsqu'on avait annoncé à ces époux des trésors imaginaires, on les avait épouvantés à la fois par des terreurs et par des dangers aussi peu fondés. Il fallait donc avant tout dissiper leurs craintes, et, sans les abuser sur le pays où ils allaient se rendre, le leur montrer au moins tel qu'il était.

N'ayant à leur raconter que ce que je venais de voir par moi-même, mon témoignage était fait pour leur inspirer quelque confiance. Je fis un récit succinct de ce qui m'était arrivé de plus remarquable dans les différents cantons de la contrée, déclarant scrupuleusement le bien et le mal, sans rien celer, ni de l'un, ni de l'autre. Je les engageai à renoncer aux idées folles et chimériques dont on avait nourri leur avidité, et je leur dis que si, au lieu de perdre leur temps à chercher dans le pays de l'or et des pierreries qui ne s'y trouvaient pas, ils voulaient s'y fixer et y former un établissement, il leur serait facile d'élever leurs enfants et de vivre dans une aisance heureuse et tranquille.

On leur avait inspiré beaucoup de préjugés contre les indigènes; je les désabusai à ce sujet, et, me citant en exemple, je leur appris combien ils pourraient tirer de services de ces peuples, si, comme moi, ils voulaient se lier avec eux, les prévenir par quelques bons procédés, et suivre, en un mot, une conduite qui m'avait si bien réussi.

Enfin, par un aveu qui s'accordait mal avec leurs idées, je les avertis, quoique à regret, de fuir le commerce de certains blancs qu'ils trouveraient dans le voisinage. C'étaient là, selon moi, leurs vrais ennemis, les seuls qu'ils dussent craindre, et dont il leur fallait sans cesse se défier.

Pendant tout ce discours, la femme avait constamment tenu ses yeux fixés sur moi, et je pouvais lire dans ses traits l'impression que je produisais sur son esprit. Cependant le grand respect et la haute estime qu'elle avait pour son mari, venaient de temps en temps modifier ses sensations; elle cherchait à pénétrer son esprit afin de se décider sur ce qu'elle-même devait penser.

Voyait-elle chez lui l'expression de l'espérance ou de la joie, sa physionomie s'épanouissait aussitôt; prenait-il un air rêveur et inquiet, elle changeait de visage et se montrait non moins inquiète. Tant d'amour pour tant de misère me rendait son dévouement respectable.

Enfin, mon discours parut l'avoir persuadé : il avoua que quand on veut de l'or, il est plus sûr de le gagner par son travail que de le vouloir trouver tout fait.

Toutefois, une grande difficulté l'arrêtait, c'était sa pauvreté. Misérable, sans appui et sans aucune ressource, que devenir dans le désert sauvage et inculte où il allait s'enfoncer? Sans pacotille, quel espoir de lier amitié et d'entretenir commerce avec les hordes de son voisinage! Enfin, comment, sans instruments, sans ustensiles et sans matériaux, sans provisions de bouche, enfin manquant de tout, commencer un nouveau genre de vie et entreprendre un établissement pour lequel il n'était nullement préparé?...

Les meubles les plus apparents de ce ménage ambulant consistaient en un fusil en assez mauvais état, et en un petit coffre de deux pieds carrés, qui contenait toutes les nippes de la famille.

Un bon conseil donné dans une circonstance favorable a son utilité sans doute, mais il faut aux malheureux autre chose que des conseils.

Je me répétais à moi-même cette vérité trop souvent méconnue par les gens riches et influents, et en conséquence, pour commencer à donner à ces pauvres chasseurs de trésors, une preuve de l'intérêt que je prenais à leur sort, je leur fis la description du petit ermitage de Schoenmaker, où j'avais installé mon camp et passé si agréablement quelques semaines. Je mentionnai aussi le vallon et le charmant bocage où il est situé. Je n'oubliai ni la jolie source qui coule auprès de la maison, ni le petit jardin dans lequel se trouvaient encore plusieurs plantes potagères d'Europe; ni la proximité de la rivière, qui offrirait à la fois à la petite colonie, et les amusements de la pêche, et les avantages de la chasse aux hippopotames.

Enfin, quoique cette riante propriété ne m'appartînt point et que je n'eusse aucun droit d'en disposer, prenant sur moi de la leur offrir, je les invitai à aller en prendre possession, leur promettant qu'ils n'y seraient jamais inquiétés.

Mon intention était d'en prévenir Schoenmaker, que je savais de retour au Cap, et qui non seulement ne me désavouerait pas, mais qui, du caractère dont je le connaissais, ne manquerait pas d'être enchanté de savoir en des mains européennes et industrieuses, le petit établissement qu'il avait pris tant de soin à ébaucher, et dans lequel certainement il ne retournerait jamais.

Je dois dire, dès à présent, que je ne m'étais pas trompé : non seulement Schoenmaker, quand je le retrouvai au Cap, ratifia pleinement ce que j'avais fait, mais il s'estima heureux d'avoir ainsi contribué à l'établissement d'un pionnier de la civilisation aussi en avant des établissements européens en Afrique.

Je reviens à mon récit. Les deux époux accueillirent ma proposition avec une grande effusion de reconnaissance. L'exécution du plan que je leur proposais était d'ailleurs d'une extrême simplicité : il était facile d'arriver directement au vallon et à la maison de Schoenmaker, rien qu'en suivant la trace des roues de nos chariots.

Cet entretien et les éclaircissements que j'y avais ajoutés, avaient employé une partie de ma soirée. Je fis servir à mes hôtes du thé et du café, après quoi ils se retirèrent pour aller reposer; leur visage rayonnait d'une allégresse qui me toucha profondément.

Cependant mon malaise et mon mal de tête avaient beaucoup augmenté; je ne pus dormir de la nuit, et bien que cette insomnie eût dû m'inquiéter, je me bornai à l'attribuer à la grande agitation que m'avait occasionnée cette singulière aventure.

Le lendemain matin, les deux époux vinrent me dire que, confirmés par la réflexion dans leur résolution d'accepter mes offres, ils comptaient partir aussitôt.

Je leur donnai quelques renseignements sur les peuples du pays et sur le parti qu'ils pourraient en tirer pour améliorer leur situation.

Ne bornant point à ces simples conseils mon désir de les obliger, je leur fis préparer un petit approvisionnement de tout ce que j'imaginai pouvoir ajouter, pendant la route et au commencement de leur installation, à leur bien-être. Il me restait encore une certaine quantité de viandes salées, et particulièrement du dernier hippopotame que nous avions tué. J'en fis remplir une outre qu'on porta sur leur chariot. J'ajoutai une provision de quincaillerie, du laiton pour des bracelets, des clous, de la poudre, du plomb; en un mot, tout ce que je crus de nature à fournir à leurs jouissances, à leur sûreté, à leurs moyens de traite et d'échange.

Je leur donnai de plus quatre moutons, une chèvre prête à mettre bas, une poule, un coq et enfin le plus jeune de mes chiens.

Ces bonnes gens ne savaient comment me témoigner leur reconnaissance.

« Nous ne nous reverrons probablement jamais, me dit le mari, mais aussi longtemps que je vivrai, je me souviendrai de vos bontés et je bénirai votre nom. Je courais à ma perte, et vous m'avez arrêté sur les bords de l'abîme. J'étais sans ressource, et vous m'avez généreusement pourvu de toutes choses; béni soit le jour où je vous ai rencontré! Chaque année je viendrai dans ce même lieu, au bord de cette même rivière, en célébrer l'anniversaire, et faire avec ma famille des vœux pour votre bonheur. »

De mon côté, et en mémoire de cet incident, je voulus donner le nom de *Rivière de la Rencontre* à ce petit cours d'eau devenu tout à coup si intéressant pour moi. Toutefois, arrivé en Europe, j'ai cru devoir lui substituer celui de *Laborde*, comme hommage rendu aux soins du collaborateur habile et dévoué qui a mis tant de soins à la carte de mes voyages.

Tandis qu'on attelait les bœufs du voyageur, je faisais aussi atteler les miens. Mes souffrances augmentaient d'heure en heure ; déjà elles m'avaient considérablement affaibli ; mes gens paraissaient fort inquiets, et je commençais moi-même à me préoccuper de mon état.

Evidemment j'étais sous le coup d'une maladie grave, et il ne me restait qu'une ressource : arriver, s'il était possible, aux établissements européens avant qu'elle se déclarât.

Je donnai à l'instant même le signal du départ, et, trop faible pour me tenir à cheval, je me couchai dans mon chariot. Mais bientôt il ne me fut plus possible de supporter les mouvements de la voiture. Mon mal de tête était si violent et les cahots me faisaient tant souffrir, qu'il me fallut descendre et, malgré ma faiblesse, monter un de mes chevaux.

Ce fut ainsi que j'arrivai au *Koussi*, près du torrent qui, descendant de cette montagne, porte le même nom qu'elle.

La fatigue de la route et la chaleur du jour avaient encore empiré mon état. Avec une fièvre brûlante, j'éprouvais un mal de gorge violent, que je crus d'abord être le début d'une angine ; mais dans la nuit, le gonflement du pharynx et celui des amygdales, ne me laissèrent aucun doute : j'avais une esquinancie.

Je savais qu'en Afrique, cette maladie est presque toujours mortelle, même lorsque tous les secours de l'art médical entourent le malade ; je n'ignorais pas non plus que, beaucoup plus grave qu'en Europe, cette affection est aussi, dans ces climats brûlants, beaucoup plus douloureuse, et qu'enfin, lorsqu'on a la chance inespérée d'échapper à la mort, la convalescence traîne en longueur et demande des soins infinis !

Je me crus d'autant plus sûrement perdu que, n'ayant aucune connaissance en médecine, et me trouvant de plus privé des remèdes que je savais être employés en pareil cas par les colons, il m'était impossible de chercher à enrayer le mal.

Je pris le parti de me confier à la force de ma constitution, qui, aidée par la nature, pouvait seule, pensai-je, me tirer d'affaire.

Mes Hottentots qui, de toutes les maladies n'en font qu'une, et qui, par conséquent, ne connaissent pour toutes qu'un seul et unique moyen de guérison, voulurent aussi l'employer pour moi. Il consistait à tremper des serviettes dans du lait bouillant et à me les appliquer brûlantes autour du cou. Ce topique, qui est pour eux la panacée, le remède universel, me fut administré pendant trois jours! Pendant trois jours j'eus la complaisance de me laisser brûler; mais enfin, tourmenté et torturé en pure perte, je renonçai à ce supplice et m'abandonnai uniquement à la nature.

Ma situation était devenue déplorable, je ne pouvais plus rien avaler que quelques gouttes de thé très faible, encore était-ce avec beaucoup de peine; ma langue et ma gorge étaient tellement enflées, que je ne parlais plus que par signes. Enfin, ma respiration devint si pénible et si gênée, je haletais si fort, qu'à chaque instant je m'attendais à étouffer.

La consternation était générale parmi tous mes gens. Klaas et Swanepoel me gardaient alternativement et entraient seuls dans ma tente; mais lorsque l'un d'eux arrivait près de moi, je voyais aussitôt toutes les têtes groupées auprès de la tente, s'allonger en avant le plus qu'elles pouvaient pour chercher à lire dans les yeux et la contenance de mon gardien, ce qu'il y avait à craindre ou à espérer.

Certes, s'il a été un moment dans ma vie où je me suis cru près de ma fin, c'est celui-là. Et, comme mon esprit n'avait rien perdu de sa lucidité, je pouvais apprécier dans toute leur étendue les difficultés pleines d'angoisses de ma situation.

« Etait-ce donc ainsi, me demandai-je, que devaient se terminer deux voyages si longs, si pénibles, si périlleux? Qu'allaient devenir mes collections alors que, hors d'état de parler, je ne pouvais donner les ordres nécessaires pour assurer la conservation de ce fruit de tant de sueurs, de tant de fatigues ? »

Il n'était pas jusqu'à la liberté d'esprit dont je jouissais qui ne me semblât aggraver mon supplice, et j'en vins à regretter que ma fièvre ne fût pas accompagnée de délire, ce qui eût au moins éloigné de moi les terribles inquiétudes auxquelles j'étais en proie.

Il y avait près de huit jours que je me trouvais ainsi entre la vie et la mort, lorsque Swanepoel vint m'annoncer l'arrivée de quelques petits Namaquois d'une horde voisine, qui, ayant appris ma maladie, s'étaient empressés de venir mettre à ma disposition leur expérience et leurs connaissances médicales.

Ils connaissaient, disaient-ils, un remède de l'efficacité duquel ils répondaient, si je consentais à me fier à eux.

Un mourant peut-il entendre avec indifférence la voix qui lui annonce la vie? D'ailleurs, eussé-je pu craindre qu'on m'offrît du poison, je l'eusse accepté sans hésiter, tant étaient intolérables mes souffrances.

Je fis signe que je consentais à prendre le remède, et mes guérisseurs le préparèrent.

C'était aussi un topique chaud; mais, au lieu de se composer de lait comme le premier, il était fait d'une herbe particulière; et, indépendamment du cataplasme, il fallait me gargariser avec le jus de la plante.

J'étais si prévenu contre ces colliers brûlants, que lorsque je vis Klaas m'apporter encore celui-ci, mon premier mouvement fut de m'opposer à m'en laisser entourer le cou. Par bonheur, le gargarisme qu'on me présentait en même temps avait une odeur si agréable, le goût en était si balsamique, la nature, en moi, parut l'appeler avec tant de plaisir, qu'un des remèdes me fit accepter l'autre.

On renouvela plusieurs fois pendant la nuit le cataplasme. Je renouvelai plus souvent encore le gargarisme. Enfin, quand le jour parut, ce ne fut pas sans une grande joie que je me sentis soulagé. Déjà je respirais plus librement. Le gonflement et l'inflammation du pharynx étaient diminués. De moment en moment le mieux augmentait ; enfin je pus avaler, et mon Esculape me fit dire de prendre du lait froid.

D'après mes préjugés d'Europe, c'était une ordonnance bien étrange que celle de ce lait dans un état de fièvre continue. Mais que pouvaient des préventions contre une confiance fondée sur des succès? Je m'abandonnai aveuglément aux soins de mon médecin, et je n'eus qu'à m'en applaudir.

Dès le troisième jour du traitement, j'étais guéri. Plus d'esquinancie, plus de fièvre, plus d'engorgement ni d'enflure. Il ne me restait de mes souffrances qu'une faiblesse excessive, qui, tout en ne m'empêchant pas de me sentir hors de danger, me laissait apprécier en même temps l'étendue de l'obligation que j'avais à celui qui m'en avait tiré.

Je désirai le voir, et on me l'amena. Il entrait pour la première fois dans ma tente. Bien différent des médecins qui ont besoin de tâter le pouls, d'examiner la langue, il s'était contenté de se renseigner sur mon état, après quoi il m'avait traité par intermédiaire ; ce moyen avait suffi.

Je vis un homme fort petit de taille et qui à l'extérieur ne différait en rien de ses camarades. Il ne savait, du reste, en ce qui concernait le traitement auquel il m'avait soumis, que ce que les gens de son kraâl savaient tous. Aussi paraissait-il beaucoup plus sensible au plaisir de m'avoir guéri qu'à la gloire d'avoir fait une cure et obtenu la confiance d'un blanc.

Pendant toute la durée de ma maladie, mes gens avaient eu pour moi les plus grandes attentions. Tant que le mal dura, tous s'abstinrent de chants et de danses. Aucune exclamation, aucun éclat de rire n'étaient venus frapper mes oreilles. Les mêmes soins, les mêmes attentions me furent prodigués pendant ma convalescence, sans que j'eusse besoin de donner à ce sujet aucun ordre, et ces preuves de l'affection qu'on me portait furent pour moi la source de jouissances délicieuses.

Dans l'épuisement de provisions où je me trouvais, il n'y avait dans celles qui me restaient aucun aliment qui pût convenir à mon état, et on eût été fort embarrassé pour me nourrir si

Swanepoel n'avait pris soin, quelque temps auparavant, de faire couver ma poule.

Les poussins étaient encore tout petits, ce qui n'empêcha point de me les servir, tantôt bouillis, tantôt rôtis. Quand ils manquèrent, mon estomac s'était assez fortifié pour qu'on pût leur substituer du menu gibier, et mes chasseurs se chargèrent avec joie de fournir ma cuisine de perdrix et autres oiseaux du même genre.

Dès que j'avais pu me lever, je m'étais fait une loi de sortir de ma tente et de chercher à ranimer mes forces par quelque promenade.

De même que la première visite que j'avais voulu recevoir, avait été celle de mon médecin, ma première sortie fut consacrée à connaître la plante dont il s'était servi.

Rien de plus commun dans le pays que cette plante; elle croît partout, et il me la montra tout autour de mon camp. C'est une espèce de sauge, haute d'environ deux pieds, qui a la même odeur à peu près que notre sauge ordinaire, mais dont la feuille est plus lisse et moins chagrinée. Quant à sa fleur, nous étions dans la saison où elle commence à sécher, et je n'ai guère pu m'assurer de sa couleur; cependant je la crois bleue.

Swanepoel m'assura que cette plante était également très commune au Cap et aux colonies, où on la connaît sous le nom hollandais de *saaly* (sauge). Mais les botanistes ont compris sous la dénomination générale de sauge tant de plantes différentes, que j'ignore à quelle famille doit se rapporter le *saaly* du Cap.

Les colons ne l'employant jamais dans les maux de gorge qui sont un des fléaux de leur climat, il est à supposer qu'ils n'en connaissent pas les vertus, ou plutôt il est probable que Swanepoel, séduit par la ressemblance de quelques caractères extérieurs des deux plantes, s'est trompé, et que le *saaly* namaquois n'est pas le même que le *saaly* des colonies.

D'autre part, je serais porté à croire que ce dernier diffère pour l'odeur et le goût de la sauge commune d'Europe, et voici la raison qui me le fait présumer. Parmi les nations européennes qui font le commerce de la Chine, il y en a une qui, achetant dans ce royaume beaucoup de thé, y donnent en échange des feuilles de sauge. Par un effet du prix qu'on attache en tout pays à ce qui vient de loin, le Chinois recherche avec plus d'empressement encore cette feuille étrangère qu'en Europe on recherche la sienne, et c'est là un commerce dans lequel il y a deux cents pour cent à gagner.

Mais ce que les Français ne savent pas et ce qui leur est impardonnable d'avoir ignoré si longtemps, c'est que jusqu'ici c'est dans leurs provinces méridionales que s'achète cette sauge, vendue si cher dans l'extrême Orient. On connaît très bien au Cap le profit immense qu'offre ce genre de spéculation, et comme on y a du *saaly* en grande abondance, je conclus que si ce *saaly* avait les propriétés de la sauge de France, les habitants l'exporteraient de préférence en Chine, puisqu'ils y gagneraient beaucoup plus.

Quoi qu'il en soit de ces rapports plus ou moins rapprochés entre ces deux plantes, celle qui me guérit de mon esquinancie est également salutaire pour la guérison des plaies ; « mais, ajouta mon Esculape après m'avoir donné ce détail, pour faire aboutir une plaie et la mettre en état de se cicatriser, il faut joindre au cataplasme de *saaly* une certaine quantité de graisse quelconque ; cette onctuosité est absolument nécessaire pour que le remède agisse ; à son défaut, il reste sans effet. »

N'est-il pas étrange et bien inconcevable que dans cette multitude innombrable de plantes dont est couverte la surface du globe, il y en ait si peu dont les vertus soient connues ? Dans le jardin botanique, par exemple, le plus complet et le mieux fourni, on en compte à peine trois cent cinquante qui offrent à l'homme un aliment ou un médicament, tant pour lui que pour les animaux qu'il a réduits à la domesticité et qu'il élève.

Et ce qui doit étonner bien plus encore, c'est que dans ce petit nombre de plantes utiles, s'il en est dont la découverte ait été pour nous vraiment importante, cette découverte a presque toujours été due à des sauvages ou même à des animaux.

Ma maladie et ma convalescence avaient duré vingt jours. Pendant ce temps, mes gens, ne s'étant point écartés de ma tente, n'avaient pu par conséquent aller au loin chasser, ce qui les avait obligés à se nourrir de mes moutons. De ma bergerie, il ne me restait plus une seule bête, et je me voyais obligé de me former un nouveau troupeau. Heureusement, à deux ou trois lieues de mon camp, il y avait, près du même torrent du Koussi, une horde chez laquelle j'étais allé l'année précédente et qui pouvait me fournir les moutons dont j'avais besoin. Il était aisé de m'y rendre en quelques heures, et c'est ce que je fis, après avoir récompensé, autant qu'il était dans mon pouvoir, le Namaquois à qui je devais la vie.

Le chef de cette horde vint à ma rencontre. Il portait sur la poitrine un hausse-col et sous son kross une canne à pomme de cuivre dont on n'apercevait que l'extrémité. A ce signe d'esclavage et d'autorité qui annonce un capitaine hottentot institué par le gouvernement, je reconnus que j'allais rentrer dans les colonies; mais à l'air humble et soumis de cet homme, je reconnus plus visiblement encore un être accoutumé à obéir et à ramper.

Le ton de supplication qu'il prit en me parlant, m'annonça d'abord qu'il venait se plaindre de ses sujets ou de ses voisins. Je ne me trompais qu'en un point : il se plaignait des uns et des autres.

Ceux des colons qu'il inculpait étaient Van der Westhuysen, le père de Klaas, et Engelbrecht, son beau-frère. Le gardien des troupeaux de la horde ayant par négligence laissé échapper quelques-unes de leurs bêtes à cornes, elles s'étaient avancées sur le domaine de Van der Westhuysen, et celui-ci, aidé de sa fille, les avait tuées à coups de fusil.

A ce procédé violent et inique, je reconnaissais très bien l'esprit des colons; mais il faut avouer pourtant que la première faute en était aux gardiens. Nasep — c'était le nom du chef, — ayant voulu leur en faire des reproches, dans leur colère ils lui avaient arraché son bâton de commandement, et, l'en frappant à outrance, le lui avaient cassé sur le dos.

Tel était le respect que les hordes soumises au gouvernement hollandais portaient aux capitaines que ce gouvernement plaçait à leur tête ! Le pauvre Nasep tira de dessous son kross la canne qu'il avait reçue pour un autre usage, et je vis qu'il ne lui en restait plus que la moitié.

Un moment après, les gens de la horde arrivèrent pour se plaindre de lui. A son tour, il se plaignait d'eux tous, et alors commença un tumulte indescriptible.

A travers ce chamaillis de récriminations, il m'était impossible de rien entendre. Tout ce que je pouvais en conclure, c'est que tous avaient des torts. Mais qu'y faire ? Je n'étais plus en pays libre. Où l'autorité commande, ses lois, bonnes ou mauvaises, doivent être respectées. De tous côtés on m'adressait des plaintes, et je ne pouvais que les écouter et les faire parvenir à l'administration.

S'il est vrai que le bonheur contribue à rendre les mœurs plus douces et plus sociables, il est également vrai que l'oppression doit aigrir le caractère et changer les hommes en bêtes fauves. Ces haines, ces discordes qui régnaient dans la horde me paraissaient presque excusables.

Persécutés par les colons leurs voisins, qui, ayant des armes à feu, en abusaient contre eux, ces malheureux pouvaient-ils n'être pas irrités par tant d'injustices et d'outrages ? Dans leur fureur, ils s'en prenaient à leur chef, qui était fort innocent ; ils se querellaient entre eux et devenaient les uns envers les autres de véritables forcenés.

Ce n'était point seulement de bestiaux tués ou volés que se plaignait la horde, on l'avait dépouillée par la force d'une partie de son territoire. Le vaste domaine qu'occupait Van der Westhuysen avec sa famille, celui où était établi son beau-frère Engelbrecht, n'étaient que des propriétés usurpées. Non seulement ces deux colons en avaient chassé la horde, mais ils travaillaient encore journellement à s'emparer de ce qui lui restait, et principalement de la fontaine du lis, sur le bord de laquelle elle avait bâti son kraâl.

C'était dans ce dessein qu'ils la harcelaient et la tourmentaient sans cesse, se flattant qu'à force de tracasseries et de déboires, ils l'obligeraient à s'éloigner et à aller s'établir ailleurs. Ainsi, après mille vexations, après avoir perdu une partie de leurs troupeaux, ces pauvres sauvages se voyaient au moment d'être chassés de la terre qui les avait vus naître et réduits à chercher au loin un asile où ils pussent rester inconnus à ces blancs qu'ils avaient tant de motifs pour maudire.

La horde me supplia de voir les deux familles usurpatrices et de leur parler. Je le promis, bien que d'avance je fusse assuré d'échouer dans ma négociation.

.... Cependant, et malgré les pertes qu'elle avait subies, la horde possédait encore de nombreux troupeaux. Nasep me pria d'accepter deux bœufs, quatre moutons et une vache grasse. Je refusai les bœufs, mais je reçus la vache et les moutons, et les destinai au festin du soir. Mon dessein était qu'il y eût une fête; je me flattais que la joie adoucirait les haines et rétablirait dans la horde l'entente et la concorde.

Je ne me trompais point. A peine eut-on égorgé les animaux que les danses commencèrent. Elles durèrent toute la nuit et firent oublier les querelles du jour. Le lendemain, je vis tout le monde rapatrié; on s'était même réconcilié avec Nasep. Il est vrai que ce chef avait fait quelques avances. Parmi les cadeaux que je venais de lui faire était un rouleau de tabac; il l'avait à l'instant même distribué par parties égales à tous ses gens, et cette libéralité inattendue lui avait regagné tous les cœurs.

Avant de partir, j'achetais les moutons qui m'étaient nécessaires; puis, jaloux de réaliser la promesse que j'avais faite de parler aux deux familles usurpatrices, je me rendis chez Engelbrecht.

Cet homme parut me revoir avec plaisir et me fit même beaucoup d'accueil. Mais, avant de répondre à sa politesse, je crus devoir le prévenir du motif de ma visite. Il se disculpa en me disant que ce n'était pas lui qui avait tué les bœufs. A l'entendre, il n'y avait de coupables que les Van der Westhuysen. Et quant au domaine qu'il possédait, si c'était une usurpation, il ne fallait pas la lui reprocher, puisqu'il le tenait de son beau-frère qui le lui avait cédé.

D'après de pareilles explications, je vis qu'il n'y avait ni réparations ni accommodement à espérer....

.... Je pris la route de l'habitation de Van der Westhuysen, bien que je ne me flattasse pas plus de réussir auprès de ce vieillard gouverné par sa femme, que je ne l'avais fait auprès de son beau-frère.

Je n'avais plus que pour une heure de chemin avant d'arriver chez lui, lorsque j'aperçus, dans un vallon, une hutte hottentote totalement isolée et près de laquelle paissait un troupeau. Je m'avançai vers la case et fus fort surpris d'y trouver une grande jeune personne fort jolie. C'était cette fille de Van der Westhuysen qui, pendant plusieurs jours, avait tenu tête aux buveurs les plus intrépides, en sablant de l'eau-de-vie aussi tranquillement qu'eux; c'était elle encore qui avait aidé son père à tuer les bœufs de la horde de Nasep.

Chasseresse infatigable, elle pouvait forcer une grande gazelle à la course. Paraissait-il dans la région des Boshjesman, elle s'armait d'une carabine, se mettait à leur poursuite et les fusillait partout où elle les trouvait.

Si elle croyait avoir à se plaindre de quelque horde, elle la traitait comme les Boshjesman. Aussi était-elle connue et redoutée à bien des lieues à la ronde.

En ce moment, elle habitait la hutte solitaire du vallon et gardait les bœufs et les moutons de son père, ayant pour tout meuble une natte et un fusil. Je la reconnus sans peine. Pour moi qui me montrais à elle avec une barbe de quatorze mois, elle eut plus de difficulté à me reconnaître.

Je la quittai après avoir passé quelques moments dans sa hutte, et me rendis à l'habitation de ses parents, où je fus reçu avec toutes les démonstrations de l'amitié.

Voyant sur mon visage pâle et défait que je sortais de maladie, ils m'offrirent obligeamment de passer quelque temps chez eux. J'acceptai avec d'autant plus de plaisir que, depuis ma convalescence, j'étais au régime du lait pour toute nourriture, et que mes vaches, étant taries pour la plupart, ne m'en fournissaient plus suffisamment.

Ce fut pour moi un vrai délice que de revoir du pain. Il y avait un an, depuis mon séjour dans cette même famille, que je n'en avais goûté. Je trempai celui qu'on m'offrit dans un lait aussi frais que pur, et ce repas simple et frugal me parut exquis.

Klaas Baster avait été fort bien reçu dans sa famille. Sa belle-mère même lui avait fait bon accueil, ce qui me fit espérer que la réconciliation que je lui avais ménagée continuerait après mon départ.

Tout contribuait ainsi, à mon retour, à effacer le souvenir de mes fatigues et les contrariétés auxquelles j'avais été si souvent exposé. La verdure et les fleurs couvraient ces champs que j'avais vus ternes et stériles, et mes regards reposaient avec joie sur cette terre ravivée et féconde.

A jamais rassuré pour mes troupeaux quelque route que je choisisse, je résolus de changer celle que j'avais suivie jusque-là, et de prendre, pour me rendre au Cap, un autre chemin que celui que j'avais pris pour en venir.

Outre le plaisir de parcourir et de connaître un pays nouveau, j'avais de plus l'espoir de trouver dans mes chasses de quoi augmenter mes collections.

Je tournai donc au sud-ouest, et, après quatorze lieues de marche pour lesquelles j'employai trois jours, j'arrivai sur le *Groene-Rivier* (la rivière Verte). Le premier objet que j'aperçus sur la rive fut des fumées d'éléphant encore tièdes. Elles m'annonçaient qu'il y avait près de là quelques-uns de ces animaux.

Prenant avec moi Swanepoel, j'allai, tandis qu'on disposait le camp, suivre leurs traces. A me voir partir ainsi suivi d'un seul homme, on eût dit qu'il s'agissait de tuer un lièvre ou un lapin. Précédemment je n'eusse osé jouer un pareil jeu ; mais dans la vie du désert, on s'aguerrit insensiblement, et on finit par considérer les plus réels périls comme des aventures ordinaires.

Nous ne fîmes pas trois cents pas avant de rencontrer cinq éléphants arrêtés au milieu d'un bouquet d'arbres qui bordait la rivière. Chacun de nous visa le sien, chacun de nous l'abattit, et les trois autres s'enfuirent.

Au bruit des détonations de nos fusils, mes chasseurs accoururent, et ils trouvèrent mon brave Swanepoel, qui, regardé jusque-là par eux comme un excellent homme, mais propre seulement à garder mes poules, les nargua à son tour, et, en leur montrant l'éléphant qu'il venait de tuer, leur demanda lequel d'entre eux se sentait capable de faire un plus beau coup.

Les animaux morts étaient deux mâles de même taille et à peu près de la même grosseur, hauts chacun d'environ dix pieds. C'est la grandeur ordinaire des éléphants d'Afrique ; ceux qui ont onze à douze pieds sont assez rares. Malgré leur ressemblance, ceux-ci n'étant pas du même âge, leurs défenses étaient fort inégales. Celles de l'un pesaient de soixante-dix à quatre-vingts livres, tandis que celles de l'autre n'en pesaient que trente-cinq à quarante.

Ce qui me prouvait encore mieux la différence d'âge, c'est que les défenses les plus lourdes étaient pleines, à peu de chose près, tandis que les autres étaient creuses intérieurement jusqu'aux deux tiers de leur longueur. Enfin, le plus vieux des éléphants avait ses mâchelières presque usées, et l'autre les avait bien conservées et entières. L'ivoire du vieux éléphant, étant plus compact et plus lourd, a plus de valeur et se vend plus cher. D'ailleurs, par sa compacité même, il prend un plus beau poli, il a plus de blancheur et est moins sujet à jaunir.

La rivière était couverte d'oiseaux aquatiques de toute espèce et particulièrement de pélicans, de flamants et d'oies sauvages. J'y trouvai aussi le bihoreau, le héron pourpre et huppé, le héron commun et la cigogne brune, tous de la même espèce, et ne différant en rien de leurs congénères d'Europe.

Les éléphants morts me procurèrent beaucoup d'oiseaux de proie. Je m'étais construit, à portée de leurs cadavres, une petite cabane en feuillage dans laquelle je me tenais caché pour observer les agissements de ces volatiles. Du matin au soir, ils descendaient par centaines, et j'abattais ceux qui me semblaient mériter la préférence.

Pendant mon séjour sur la Rivière-Verte, je changeai plusieurs fois de campement. Je parcourus ainsi un espace de huit à dix lieues sur ses bords.

Je les quittai enfin et gagnai ceux du *Zwarte-Doorn* (l'Epine-Noire); j'y passai la nuit, et le lendemain, je me dirigeai vers les montagnes que nous avions au sud. Après six heures de la marche la plus pénible, nous arrivâmes au pied d'une chaîne de monts arides, dont les roches nues et rougeâtres, pittoresquement groupées les unes sur les autres, offraient le coup d'œil le plus bizarre et le plus singulier ; mais en même temps aucun site ne pouvait être plus propre à servir de retraite aux Boshjesman. En les voyant, je me dis à moi-même que je ferais bien de me tenir sur mes gardes.

Mes gens travaillaient à dresser le camp. Pendant ce temps, ayant aperçu quelques pies de cette espèce rare que j'ai nommée *pie-roc*, je les suivis et me trouvai insensiblement amené sur un des sommets d'où je plongeai sur mon camp et le dominai.

Tout à coup j'entends, en signe d'alarme, tirer trois coups de ma grosse carabine. Je promène mes regards autour de moi : je vois d'un côté mes gens courir en désordre, et de l'autre des Boshjesman qui, ayant enlevé mon bétail, lui faisaient enfiler une gorge dans laquelle ils allaient bientôt disparaître.

Je descends très précipitamment de la montagne, et je trouve, en arrivant au pied, Klaas qui arrivait à toute bride m'avertir de l'événement. Il me donne son cheval. Je le monte, je le pousse au galop vers la gorge; mais à peine a-t-il fait cinquante pas qu'il s'abat dans un trou de porc-épic et me jette sur le

Vautours et cigognes dépeçant un éléphant mort.

côté. Ma chute est si rude qu'en me relevant, ne pouvant faire usage de mon bras, je crois à une fracture de l'épaule.

Klaas vient à moi ; je lui dis de monter le cheval, et je m'en retourne au camp ; hors d'état de rien faire dans cette aventure, je laisse à mes gens le soin de s'en tirer comme ils le pourront.

Ma vaillante petite troupe ne rentra qu'à la nuit ; elle me ramenait tous mes bœufs, à l'exception de trois ; résultat que je n'espérais pas, mais dont je n'eus pas le courage de me réjouir, quand je sus que l'aventure avait coûté la vie à deux Boshjesman.

Pour éviter que les voleurs renouvelassent leur tentative, je partis au point du jour, et par une marche de six à sept heures dans la même direction que la veille, j'arrivai à un endroit où je fus rencontré et reconnu par quelques Hottentots de la horde de Klaas Baster.

Ils nous apprirent que cette horde avait quitté les montagnes du Namero, et qu'elle s'était établie à cinq lieues du poste où je me trouvais.

Baster étant encore avec moi, je ne pouvais, d'après la reconnaissance que je lui devais pour les services importants qu'il m'avait rendus, me dispenser d'aller le remettre entre les bras de sa femme, de ses enfants et de ses amis. Je me rendis donc à la horde. Son retour causa une joie inexprimable et d'autant plus grande qu'on nous avait crus morts. C'était même cette persuasion qui avait engagé la horde à aller s'établir ailleurs.

J'appris une nouvelle qui me fit grand plaisir : Schoenmaker était descendu des montagnes et avait établi son camp dans les environs. Empressé de revoir cet excellent homme, je me rendis auprès de lui. Je le trouvai au milieu de sa famille, dans un état aussi prospère que peut l'être un proscrit. Après lui avoir offert mes bons offices auprès du gouverneur du Cap, pour faire cesser l'injuste malentendu qui lui interdisait l'accès des colonies, je lui fis part de la liberté que j'avais prise d'engager une pauvre famille à se mettre en possession du petit ermitage qu'il avait fondé près de l'Orange et qui m'avait fourni à moi-même une halte très agréable.

Il se félicita de m'avoir été ainsi utile à son insu et approuva sans hésiter ce que j'avais fait.

« Quand j'arrivai, me dit-il, dans ces déserts, j'étais, comme vos protégés, sans asile et sans ressources; alors et depuis j'ai beaucoup souffert, et le malheur m'a rendu sensible au malheur. C'est donc de tout cœur que je m'applaudis du bon usage que vous avez fait de ma petite propriété. Puisse cet asile conserver longtemps et le souvenir de son fondateur et le souvenir de celui qui l'a consacré par un bienfait. »

Klaas m'avait accompagné chez Schoenmaker; me voyant prêt à reprendre ma route vers le Cap, il me demanda la permission de retourner auprès des siens, et j'y consentis d'autant plus volontiers que désormais il me devenait inutile.

Avant de nous séparer, je lui donnai en présent une certaine quantité de poudre et de plomb, des verroteries pour sa femme et ses enfants, et deux de mes chiens qu'il avait particulièrement en affection . . . .

. . . .

Je ne pensai plus désormais qu'à regagner le Cap, et afin d'éviter toute éventualité de retard, je me décidai à y retourner par la route de la rivière des Éléphants, c'est-à-dire par le chemin que nous avions suivi au départ.

Je fis partir ma caravane en avant, et je suivis à cheval, avec Klaas qui tint à me faire la conduite le plus longtemps possible. J'espérais rencontrer encore quelques aventures et peut-être recueillir quelque objet précieux pour ma collection. Cet espoir ne fut pas entièrement déçu.

C'est ainsi, par exemple, que j'eus occasion de voir tout ce qu'a d'effrayant ce besoin terrible qu'on appelle la faim.

J'avais entendu raconter d'un naturaliste célèbre, Romé de Lisle, que, pendant le siège de Pondichéry, en 1761, il s'était vu réduit à regarder comme un bonheur d'avoir pu acheter, au poids de l'or, une vieille culotte de peau qu'il partagea par humanité avec trois officiers de ses amis. Je fus témoin de quelque chose de semblable.

Vers la fin du troisième jour, alors que, par suite de la disette à peu près absolue de gibier dans ces montagnes, nous manquions de vivres au point de n'avoir pour souper à sept personnes que trois pies et six alouettes que nous avions abattues, nous dûmes nous borner à laisser à mes cinq Hottentots la peau de la dernière gazelle que nous avions tuée et mangée.

Ils s'en emparèrent avec une avidité inconcevable, et sans aucun préparatif, se contentant de la faire griller avec son poil, telle qu'elle était, ils la dévorèrent tout entière.

L'odeur de ce poil brûlé répandait autour du brasier une infection qui me soulevait le cœur. Mes affamés en paraissaient eux-mêmes rebutés. Néanmoins, je les voyais tirer et arracher à l'aide des dents et des mains ce cuir dégoûtant. Dans d'autres circonstances, les contorsions dont leur répugnance accompagnait ces efforts m'eussent peut-être paru risibles; dans celles-ci, en me donnant une idée des extrémités affreuses auxquelles peut réduire la faim, elles me déchiraient le cœur.

Cette triste position me fit regretter d'avoir quitté ma caravane; car, pour peu qu'il nous fallût continuer à tirer sur des petits oiseaux pour vivre, nos munitions ne tarderaient pas à être épuisées.

Heureusement, ayant dérivé vers l'est, nous aperçûmes dans la plaine, de l'autre côté de la montagne, plusieurs habitations de colons. Cette vue nous fut singulièrement agréable; mais ce furent surtout mes mangeurs de peau qui s'en réjouirent.

Lorsque nous arrivâmes à portée de la première de ces habitations, la nuit tombait; on nous prit pour des Boshjesman ou pour des voleurs qui venaient attaquer et piller la maison, et on lâcha sur nous les chiens. Peu s'en fallut même qu'on ne nous reçût à coups de fusil.

Ma meute, heureusement, arrêta et contint celle de la maison, dont le maître, m'ayant reconnu pour un Européen, fit rentrer ses gens et ses bêtes et vint au-devant de moi.

Il avait entendu parler de mon voyage. Dès que je me fus

nommé, il me fit des excuses et me pria d'entrer chez lui. Je le priai de faire donner à mes gens quelque nourriture. Il se prêta généreusement à ma demande et nous accueillit avec tant d'amitié que je passai la nuit dans son habitation . . . .
. . . .

Je regagnai les montagnes, parce que de leurs sommets je pouvais découvrir cette rivière des Eléphants où devait être arrivée ma caravane.

Nous eûmes encore trois jours de marche sans autre intérêt qu'une nuit passée près d'une belle source, chargée de ces arbustes dont les fruits sont nommés dans le pays *Wolfs-gift* (poison des loups).

Ce nom leur vient de la propriété qu'ils ont, étant torréfiés, de faire mourir les animaux carnassiers qui en mangent. On les grille comme le café; on les pulvérise de même, et l'on en soupoudre des viandes qu'on expose à la voracité de ces animaux. C'est surtout à l'hyène et au chacal qu'est destiné cet appât. .
. . . .

Enfin, après une absence de seize mois passés dans les déserts de l'Afrique, j'arrivai au Cap où je m'étais fait annoncer. M. et Mme Gordon m'attendaient. Je fus reçu comme un ami, un frère, un fils. Touché profondément d'une bienveillance qui ne s'est jamais démentie, j'insiste sur une aussi grande bonté, afin que le témoignage de ma reconnaissance se prolonge aussi longtemps qu'on lira mes voyages.

Mon premier soin fut de m'informer s'il y avait dans le port quelque vaisseau qui s'apprêtât à faire voile. On m'en indiqua un qui se proposait de partir prochainement pour Madagascar; j'y arrêtai mon passage.

Je n'avais pas oublié le pauvre Schoenmaker, et, de concert avec le colonel Gordon, j'avais sollicité et obtenu sa grâce.

Il accourut remercier le gouverneur, puis retourna faire dans le désert ses préparatifs de rapatriement.

J'ai su depuis que, rentré dans les colonies, il y avait prospéré, et y avait conquis l'amitié et l'estime de tous ses voisins.

Des circonstances qui seraient trop longues à rapporter ici, m'empêchèrent de donner suite à mon projet de voyage à Madagascar, et je tournai dès lors toutes mes vues, tous mes désirs vers un prompt retour en Europe.

L'occasion s'en présenta enfin ; les vaisseaux de la Compagnie hollandaise, de retour des Indes, devaient incessamment regagner leurs différentes destinations. Je sollicitai un passage, qui me fut accordé. Je montai *le Gange*, qui appareilla, de *False-Baie*, le 14 juillet 1784, accompagné de quatre autres vaisseaux de la Compagnie.

Une tempête horrible, qui nous accueillit presque à la sortie de la baie, et nous jeta jusqu'au 37° de latitude sud, me fit comprendre combien les Portugais avaient eu raison de donner d'abord à cette pointe méridionale du continent africain le nom de *Cap des Tempêtes*. Ballottés par les vents et sans cesse exposés pendant onze jours à périr, par suite du mauvais état de notre navire qui faisait eau de toutes parts, nous eûmes cependant le bonheur de nous tirer sains et saufs de cette terrible épreuve.

Le 10 août, nous passions en vue de Sainte-Hélène, et le 25 du même mois, nous coupions la ligne par les 358° de longitude. . . . .
. . . .

Les quatre vaisseaux marchaient de conserve, et sauf quelques coups de vent, dont un jeta à la mer un homme pour le salut duquel nous ne pûmes rien tenter, aucun événement qui mérite d'être mentionné ne marqua notre traversée, si ce n'est un phénomène qui, familier à tous les marins qui fréquentent cette route, m'était inconnu.

A 355° de longitude, 10° 15 de latitude nord, nous fûmes arrêtés par un calme. Pendant cet arrêt forcé, un énorme poisson plat vint nager autour de notre vaisseau. Beaucoup plus gros qu'une raie ordinaire, il en différait encore en ce sens que sa tête, au lieu de se terminer en pointe, formait un croissant, et qu'à chaque bout de ce demi-cercle sortaient deux espèces de bras fort allongés que les matelots appelaient cornes, et qui, larges de deux pieds à leur naissance, n'avaient plus que cinq pouces à leur extrémité.

On me dit que ce monstre s'appelait *diable de mer*.

Quelques heures après, avec celui-ci, nous en vîmes deux autres, dont l'un, excessivement grand, fut jugé par l'équipage avoir cinquante à soixante pieds de large. Chacun d'eux nageait isolément, et chacun était entouré de ces petits poissons qui précèdent ordinairement les requins, et que, pour cette raison, les gens de mer ont nommés pilotes.

Enfin tous les trois portaient sur chacune de leurs cornes un poisson blanc de la grosseur du bras, long d'environ dix-huit pouces, et qui paraissait être là comme en faction.

On eût dit que les deux vedettes ne se plaçaient ainsi que pour veiller à la sûreté de l'animal, pour l'avertir des dangers qu'il courait et diriger ses mouvements par les leurs. S'approchait-il trop près du vaisseau, ils quittaient leur poste et, nageant avec vivacité devant lui, ils l'obligeaient de s'éloigner. S'élevait-il trop au-dessus de l'eau, ils passaient et repassaient sur son dos, jusqu'à ce qu'il se fût enfoncé davantage. Si, au contraire, il enfonçait trop, alors ils disparaissaient, et on cessait de les voir, parce que sans doute ils le touchaient en dessous, comme dans l'occasion précédente ils l'avaient touché en dessus; aussi le voyait-on aussitôt remonter vers la surface de la mer, et les deux factionnaires reprenaient leur poste, chacun sur leur corne.

Pendant trois jours que dura le calme et que nous restâmes immobiles faute de vent, le même manège se répéta maintes fois sous nos yeux, et il fut le même pour les trois monstres.

J'eusse fort désiré qu'on pût en prendre un et qu'il me fût permis de l'examiner à mon aise; mais quand j'en fis la proposition aux matelots, ils la traitèrent de chose impossible.

Cependant, m'étant avisé de promettre douze bouteilles de vin à celui d'entre eux qui réussirait, leur ardeur s'éveilla, et cette tentative à laquelle ils voyaient de l'impossibilité ne leur parut plus que difficile.

Tous coururent aux harpons, et chacun, s'emparant du sien, prit poste pour le lancer. Un d'eux, placé sur le beaupré et plus heureux que les autres, atteignit au dos un des trois poissons; puis, après avoir filé sa corde pour lui laisser pendant quelque temps la liberté de se débattre, il finit par le ramener peu à peu vers le flanc du navire, à fleur d'eau. Dans cet état, l'animal ne faisait plus de mouvements, et nous ne doutâmes plus que nous le prendrions facilement. Cependant un seul harpon ne suffisant pas pour le hisser à bord, on lui en lança à la fois une quinzaine qui l'amarrèrent fortement. Enfin on l'entoura de plusieurs câbles et on le hissa sur le pont.

C'était le plus petit des trois, et il n'avait, dans sa plus grande largeur, que vingt-huit pieds sur vingt-un de long, depuis l'extrémité des cornes jusqu'à celle de la queue. Cette queue, grosse en proportion du corps, avait vingt-deux pouces de longueur.

La bouche, placée absolument comme celle de la raie, était assez large pour avaler facilement un homme tout entier.

Quant à la peau, blanche sous le ventre, elle avait sur le dos les couleurs brunes qui sont propres à la raie.

Enfin on estima que l'animal pouvait peser environ deux mille livres. Il avait sur le corps une vingtaine de petits rémoras qui s'y étaient si bien attachés que, lorsqu'on hissa l'animal, ils ne s'en séparèrent point et furent pris avec lui.

Quelques naturalistes ont écrit que la tête du rémora, dans sa partie inférieure, est gluante et revêtue de rugosités et d'aspérités semblables à celles de la lime. Selon eux, c'est par les deux moyens réunis de sa glu et de ses pointes qu'il se tient cramponné aux autres poissons.

« Qu'on se figure une rangée transversale de dix-neuf lames tranchantes et dentelées qui partent immédiatement du bourrelet de la mâchoire inférieure, dit un autre naturaliste; telle est la partie qui sert au rémora pour s'attacher. »

Cette description est exacte en ce qui regarde la forme et le nombre des lames dentelées; mais elle est erronée en ce qu'elle les place à la partie inférieure de la tête, tandis qu'elles se trouvent à la partie supérieure. Aussi quand le rémora veut s'attacher, est-il obligé de se renverser sur le dos et de se tenir le ventre en l'air.

J'ignore si les deux poissons blancs qui se plaçaient sur les cornes du diable de mer étaient également du genre des rémoras. Il eût été intéressant pour moi que ceux qui étaient sur le poisson harponné se fussent laissés prendre avec celui-ci ; j'aurais eu ainsi le temps de les examiner ; mais au moment où le premier harpon fut lancé, ils lâchèrent prise et disparurent....

....Enfin, le 1er novembre, nous eûmes connaissance des côtes de l'Europe où nous fûmes constamment battus des vents contraires jusqu'à l'entrée du canal, où nous fîmes station avec plus de deux cents bâtiments revenant de toutes les parties du monde, et que les vents contraires retenaient là aussi bien que nous....
A peine fûmes-nous entrés dans le canal qu'une brume épaisse s'éleva ; elle devint à chaque instant plus compacte, et les vents les plus violents commencèrent à souffler ; ils s'accrurent tellement que ni l'art de nos marins, ni la manœuvre la plus habile ne purent rien contre leur violence. De lame en lame et par bonds précipités, nous nous vîmes portés sur les rochers ; à peine nous nous distinguions ; un épais brouillard régnait de toutes parts, comme si le ciel eût voulu nous dérober l'un à l'autre nos angoisses et le spectacle de vingt naufrages qui s'accomplissaient autour de nous.

De plus nous avions à craindre encore de nous porter contre quelques-uns des bâtiments dont le canal était encombré. Je ne puis donner une idée de la fureur des vents qu'en disant que nos voiles, quoique roulées, étaient emportées en charpie.

Cette fois, je croyais ma mort inévitable et je l'attendais avec résignation. Alors *le Mecklembourg*, un de nos navires que nous avions déjà une fois cru perdu sur les bancs des Antilles, se brisait sur la côte ; alors périssaient vingt bâtiments que leur malheur entraînait l'un vers l'autre ou vers les rochers. Un autre vaisseau de notre flotte, *la Hollande*, perdait son gouvernail qu'une lame emportait. Devenu le jouet des vents et des vagues, hors d'état de se diriger, il nous faisait des signaux de détresse, auxquels nous répondions par des signaux de mort.

Pour surcroît d'infortune, la nuit vint nous surprendre au milieu de nos manœuvres toutes délabrées. *La Hollande* tira encore plusieurs coups de canon, et, lorsque le jour revint, nous ne l'aperçûmes plus.

Quant à nous, nous passâmes le canal, et, toujours battus par la tempête, nous avançâmes vers l'île de Middelbourg, où nous jetâmes l'ancre en vue de terre; mais bientôt cette ancre, ainsi que toutes celles que nous jetâmes successivement, furent cassées, et il nous fallut encore passer une terrible nuit à louvoyer dans ces parages remplis d'écueils....

Le jour amena un temps plus calme; vingt chaloupes vinrent nous remorquer, et nous entrâmes enfin dans la rade de Flessingue !

A peine arrivé à terre, je louai une barque qui me conduisit à Amsterdam. Quelques jours après, je partais pour Paris, où j'arrivai dans les premiers jours de janvier 1785, après une absence de cinq années.

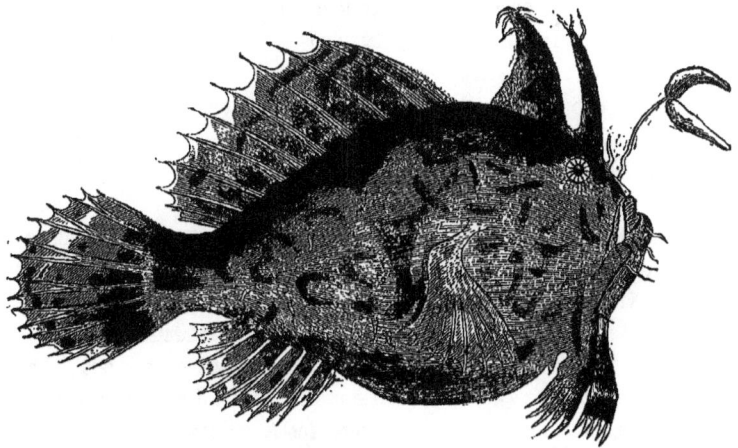

Diable de mer.

TROISIÈME PARTIE

L'Afrique australe à notre époque.

De la montagne de la Table, dont Le Vaillant nous a donné la description, on voit s'étendre aujourd'hui, de l'est à l'ouest, la colonie du Cap, dont les Anglais, possesseurs actuels du pays, ont reculé les limites jusqu'au fleuve Orange. « C'est une surface de 35,000 kilomètres carrés qu'ils se sont adjugés par droit de conquête; ils ont en mains le commerce et remplissent tous les emplois publics.

» Les Hollandais, qui, pendant deux siècles, ont été les maîtres de la colonie, sont restés prépondérants dans la campagne, où ils dirigent de grandes exploitations agricoles.

» Quant aux Hottentots indigènes, ils semblent condamnés à disparaître comme peuple; ils fournissent au gouvernement des soldats, aux colons des domestiques et des ouvriers, et se trouvent sur cette terre, dont ils étaient jadis les seuls possesseurs, dans une situation des plus précaires, bien que jouissant, depuis l'abolition de l'esclavage, des mêmes droits civils et politiques que leurs maîtres. »

Puisse cette égalité, dont ils tendent de plus en plus à se rendre dignes par leur instruction et l'amélioration de leurs mœurs, hâter leur complète fusion dans la population d'origine européenne.

Quelques groupes détachés de l'ancienne population indigène conservent encore leur indépendance; ils appartiennent, pour la plupart, aux tribus avec lesquelles Le Vaillant nous a fait faire connaissance : ce sont les Namaquois, qui ont dressé leurs tentes à l'embouchure du fleuve Orange; les *Koramias*, qui s'étendent le long de la rive gauche de la rivière du Fal, et surtout ces légendaires et terribles *Boschimen* ou hommes des buissons, que

Le Vaillant appelle Boshjesman et qui stationnent dans le désert de Kalihari.

Nos lecteurs se souviennent que les Boschimen peuvent être considérés comme les Bohémiens de la race mélanique du sud de l'Afrique ; ils vivent en très grande partie de vols et de brigandage, et les noirs aussi bien que les blancs s'accordent pour leur faire une guerre incessante.

Le caractère particulier des colonies de l'Afrique australe, c'est « l'existence au milieu des Européens de nombreuses tribus natives de diverses races. Sur 700,000 habitants, on n'en compte qu'un tiers de race blanche, encore sont-ils en partie des descendants des anciens cultivateurs hollandais qui se sont alliés à des indigènes. La culture de la vigne et des céréales et l'élevage des troupeaux font la richesse de ces contrées situées sous un climat agréable dont, ainsi que Le Vaillant et les anciens voyageurs l'avaient déjà fait connaître, le tempérament européen s'accommode à merveille. Il n'y a donc pas lieu de s'étonner que la découverte de terrains aurifères et de mines de diamants, faite il y a une vingtaine d'années, ait achevé de faire de ces contrées un centre d'attraction pour tous les aventuriers que tentent les gains aléatoires. »

On sait que la colonie du Cap a donné naissance à trois autres Etats.

C'est d'abord, à l'est, le Natal, fondé par les Anglais, qui ont coupé à leur profit, en pleine Cafrerie, un territoire montant en amphithéâtre de la mer aux *Montagnes-Blanches*, sur une longueur de côte de 200 kilomètres.

Le régime politique de ces deux Etats n'est pas encore le gouvernement représentatif : « Natal n'a qu'une assemblée, dont quatre membres sur seize sont nommés par le gouvernement. Le Cap a un Conseil et une Chambre, tous deux nommés par des électeurs censitaires ; dans l'une comme dans l'autre, les ministres ne sont pas responsables devant les Chambres et ne peuvent même en faire partie.

Cette organisation transitoire, qu'explique la rivalité entre

Européens et natifs, ne durera certainement qu'autant que les colons voudront bien s'y soumettre ; car le parlement britannique ne leur a pas refusé le droit d'améliorer leur constitution.

Les deux colonies se préparent, du reste, à cette « amélioration politique » par un progrès constant dans leur situation intérieure.

Nous n'insisterons pas sur ce qui concerne le Cap ; ce que nous en avons dit précédemment fait assez comprendre ce que la ville et ses cantons peuvent et doivent devenir sous l'administration anglaise. La civilisation de l'Europe y avait, sous la domination hollandaise, assez profondément pénétré déjà pour que ses nouveaux possesseurs aient eu beaucoup à faire pour élever cette colonie au niveau de leurs établissements les plus prospères.

Quant à Natal, bien que fondée beaucoup plus tard, cette colonie, stimulée par le désir de suivre les traces de sa voisine et devancière, marche dès son origine à grands pas vers la civilisation.

Des villes et des villages que de bonnes routes relient au chef-lieu, s'y sont élevés comme par enchantement ; des services de voitures les parcourent dans toutes les directions ; de belles cultures y réjouissent l'œil du voyageur et donnent lieu déjà à un commerce considérable. Tout y est vie, mouvement, prospérité.

Les deux autres États dont nous avons parlé ont été fondés, sur les limites des établissements anglais, par les *Boers*, c'est-à-dire par les descendants des anciens colons que leur alliance avec des femmes indigènes avait déjà ramenés à un état voisin de la barbarie, lorsque la domination anglaise se substitua au Cap à la domination hollandaise. Ralliés d'abord nominalement au nouveau gouvernement dont en réalité ils vivaient parfaitement indépendants, ils refusèrent de se soumettre à la loi anglaise qui abolissait l'esclavage.

« En 1835, ils émigrèrent avec leurs troupeaux au delà du fleuve Orange, et, un peu plus tard, au delà du Vaal, où ils se déclarèrent indépendants et se constituèrent en république. »

Le territoire sur les bords de l'Orange et du Vaal qu'ils s'attribuèrent, et que nous avons parcouru en partie à la suite de Le Vaillant, n'était pas, on le sait, entièrement désert. Il y existait, entre autres tribus, celle des *Bassoutas* et celle des *Griquas*, mélange des deux races blanche et noire, qu'il ne faut pas confondre avec les *Boschimen*, et que la proximité des Européens n'effarouchait pas ; ils accueillirent même avec une bienveillance marquée leurs nouveaux voisins. Mais ces sentiments de cordialité ne durèrent pas : « La vie pastorale que menaient les Boers exigeant des déplacements continuels et de vastes superficies, ils empiétaient sans cesse sur les cantons occupés par les indigènes ; des querelles, des escarmouches et bientôt une guerre ouverte s'ensuivirent.

» Le gouvernement du Cap prit parti pour les Griquas contre les Boers, et, soit par ambition, soit par désir d'imposer la paix, il finit par déclarer la province de la rivière Orange partie intégrante du domaine britannique.

» Quelques-uns des Boers souscrivirent à cette annexion, qui leur garantissait la tranquillité; mais la majorité refusa de s'y soumettre. La guerre semblait imminente ; elle allait éclater lorsque le duc de Newcastle, alors ministre des colonies (1853), qui répugnait à étendre sans nécessité la superficie des possessions anglaises, prévint, après s'être assuré que cette nouvelle conquête ne pouvait être maintenue que par la force des armes, le gouverneur du Cap que la reine renonçait à tout droit de souveraineté sur la province de la rivière Orange. Les deux jeunes républiques, celle de la rivière Orange et celle du Transvaal, continuèrent de lutter contre leurs sauvages voisins ; peu à peu, ceux-ci reculèrent devant des adversaires mieux armés et mieux organisés qu'eux, et l'on put dès lors prévoir qu'ils n'auraient bientôt plus d'autre ressource que d'émigrer en masse vers les régions presque désertes qui s'étendent au nord des établissements européens. »

Cette émigration semblait d'autant plus probable que les tribus devaient se sentir dans ces régions plus à l'abri des envahissements de l'Angleterre. Le gouvernement britannique, en effet, se montrait peu disposé à s'étendre vers le nord, occupé qu'il était à défendre sa frontière orientale contre les Cafres. Les dépenses militaires qu'entraînait cette défense, atteignaient souvent un chiffre annuel d'un million de livres sterling, ce qui devenait exorbitant pour le budget de la métropole.

Toutefois, il y avait de ce côté un intérêt d'avenir assez important pour justifier ces sacrifices, car la Cafrerie indépendante s'interposait entre le Cap et le Natal. La guerre continua donc, et, après plusieurs années d'une lutte acharnée, les Anglais parvinrent à s'annexer la Cafrerie, qui avait encore pour eux l'avantage d'être une province maritime. Or ils attachaient une si grande importance à être maîtres du littoral, que lorsque la république du Transvaal manifesta, en 1868, l'intention d'occuper les bords de la mer au nord de Natal, le gouverneur général du Cap, appuyé par son gouvernement, déclara s'opposer à cette extension de territoire.

N'est-il pas singulièrement curieux et étrange de voir, dans cette Afrique méridionale, où il y a encore place pour tout le monde, interdire à un peuple d'origine hollandaise l'accès de la mer ! Mais les Boers sont faibles et les Anglais sont puissants, aussi l'affaire n'eut-elle pas de suites. Toutefois, cet incident ne contribua point, on peut bien l'imaginer, à diminuer l'esprit d'antagonisme qui existe entre les colons du Cap et les membres des deux républiques hollandaises.

A peu près au moment où le gouvernement britannique élevait et faisait prévaloir cette singulière prétention, un fait imprévu fixait l'attention de l'Europe sur les rivières Orange et Vaal, qui jusqu'alors n'avaient eu d'importance que pour les dominateurs de l'Afrique méridionale : nous voulons parler de la découverte de diamants dans les territoires situés au confluent de ces deux cours d'eau sur le domaine des Griquas, qui, une dizaine d'années auparavant, imploraient la protection des Anglais contre les envahissements des Boers.

Bien que les districts diamantifères soient à 1,200 kilomètres de la ville du Cap, la population européenne de cette colonie y accourut en foule. « En septembre 1870, il y avait là 5,000 Anglais; en juillet 1871, il y en eut 30,000. Ces nouveaux venus s'y installèrent comme chez eux, avec l'esprit d'organisation qui leur est propre.

» Les premiers arrivés constituèrent, à défaut de gouvernement, une société de défense mutuelle, et se maintinrent avec assez de succès; puis le gouverneur du Cap y envoya un délégué, que les mineurs reconnurent pour chef, malgré l'opposition des Boers.

» Les Griquas, on le conçoit, étaient enchantés de se voir ainsi soustraits à la domination des Hollandais, leurs anciens ennemis. Ces derniers protestèrent, mais en vain. Ils firent mine de repousser les intrus par la force; on leur fit voir qu'ils n'étaient pas les plus forts. Ils proposèrent de soumettre le litige à l'arbitrage d'un souverain européen; on leur répondit qu'ils étaient d'anciens sujets de la couronne d'Angleterre, et que la reine ne pouvait admettre d'arbitre étranger entre eux et ses sujets actuels. »

Tout en s'abstenant de se déclarer satisfaits, les Boers s'abstinrent d'insister; comme pour la prise de possession du littoral projetée par le Transvaal, l'affaire dut en rester là, du moins pour le moment.

Laissons maintenant de côté les colons européens, et occupons-nous des indigènes, non pas de ceux du Cap et de Natal « où l'Européen avance et prospère, et où le Hottentot recule et périt, » mais de cette belle et vigoureuse famille de la race noire qui occupe tout l'espace qui sépare le fleuve Orange du bassin du Zambèze, et sur un des territoires de laquelle s'est formée la république du Transvaal; nous voulons parler des *Béchouanas*. Ils se partagent en trois branches principales qui correspondent à trois zones distinctes : les *Cafres* ou *Zoulous* à l'est; les *Bassoutas* au centre, et à l'ouest les *Bakalaharis*, dont les derniers représentants, les *Damaras*, occupent le littoral de l'Atlantique.

« Ces branches se subdivisent en une multitude de tribus dont les membres se distinguent entre eux par leur dialecte particulier, leurs coutumes, la taille de leurs dents, la coupe de leurs cheveux, les traits de leur visage, la nuance de leur peau et les danses qu'ils exécutent. L'art de la chorégraphie est en grande estime chez les noirs, et chaque tribu a sa danse favorite; de telle sorte qu'il n'est pas rare d'entendre un indigène demander à un autre Africain qu'il rencontre, et dont il ne connaît pas la tribu : « Que dansez-vous ? »

» La diversité des caractères nationaux se remarque parmi ces peuples aussi bien que chez les habitants des pays civilisés, et le milieu dans lequel chaque nation vit y exerce toujours une grande influence. Ainsi les habitants du désert de Kalahari, bien qu'il ne faille pas prendre ici le mot désert dans son sens absolu, et s'imaginer un pays aride; la terre s'y couvre, au contraire, d'une herbe serrée, dure, résistante, substantielle, qui peut nourrir de nombreux troupeaux, et comme la couche supérieure repose sur un sous-sol imperméable, l'eau qu'elle reçoit ou qu'elle soutire reste comme une nappe à quelques pieds de profondeur et entretient une humidité favorable à la végétation : les habitants de cette région, disons-nous, sont enclins à la tristesse; leurs enfants mêmes ne jouent jamais, et cependant, un des traits caractéristiques de la famille mélanienne est la jovialité assaisonnée de malice. »

Cet esprit, plaisant et caustique à la fois, est même, entre leurs mains, une arme souvent très puissante. Pour n'en citer qu'un exemple : les Makololos, fatigués du joug que faisait peser sur eux, il n'y a guère plus d'une vingtaine d'années, leur reine *Mamokisané*, l'obligèrent, à force de plaisanteries et de quolibets, à abdiquer en faveur de son frère.

Le docteur Livingston, à qui l'on doit les renseignements les plus récents et les plus complets sur ces peuplades, rapporte que les femmes de cette même tribu des Makololos se plaisaient à entrer sous sa tente pour se mirer dans sa glace : « Rien de plus amusant, dit-il, que leurs réflexions quand elles croyaient ne pas être entendues. — Est-ce bien moi ? — A-t-on jamais vu une bouche aussi grande que la mienne ? — Mes oreilles sont aussi larges que des feuilles de citrouilles ! — Ce n'est pas là mon menton? — Je serais jolie si je n'avais pas ces affreuses pommettes à chaque joue. »

Un jour, un homme, malheureusement doué d'une bouche énorme, entra furtivement chez le docteur, qu'il croyait endormi. Se plaçant en face de la glace, il s'efforça, par toutes les contorsions imaginables, de la faire rentrer dans de justes proportions; après avoir ainsi contracté ses lèvres de la façon la plus comique, il se mit à penser tout haut : « On prétend que je suis laid, dit-il, et on a, ma foi, bien raison.... Ma laideur n'est pas seulement grande, elle est unique. »

Et s'ils se raillent ainsi eux-mêmes, on conçoit qu'ils n'épargnent point les autres; c'est surtout aux dépens des Européens qu'ils exercent ce don naturel dont ils semblent avoir emprunté une partie aux nombreuses tribus de singes qui vivent autour d'eux; ils imitent les allures, les gestes, la démarche des blancs avec une merveilleuse adresse, et ils ne manquent pas d'ajouter le sarcasme à cette mimique, qui ferait en Europe la fortune d'un clown : « Sais-tu, disait un jour un d'entre eux à ses camarades, pourquoi les blancs mettent leur corps dans un sac et leurs jambes dans des tuyaux? C'est qu'ils craignent la comparaison. »

« Les Béchouanas, dit, d'après Livingston, un des savants biographes de cet observateur par excellence des mœurs des habitants de l'Afrique australe, les Béchouanas sont fort intelligents; leur conversation est facile et agréable, et leurs reparties promptes et spirituelles. Ils ont une politesse naturelle qui leur fait deviner et observer la plupart des règles de ce que nous appelons les convenances sociales. Ainsi, par exemple, en ce qui touche à la conversation, il est rare qu'ils coupent la parole à quelqu'un, et quand ils s'y croient forcés, ils ne le font qu'en ayant grand soin de faire précéder leur interruption de cette formule polie : « Permettez que je vous frappe sur la bouche. » Quand un individu est à court d'expressions, ses interlocuteurs ont le devoir de venir à son secours immédiatement. Le titre de *père* et de *mère* est dû à toute personne supérieure à soi par le rang ou l'âge ; on donne celui de *frère* à ses égaux, et on appelle *mes enfants* ses inférieurs.

La politesse exige qu'on tende les deux mains pour recevoir un don de quelque modique valeur ou de quelque mince dimension qu'il soit ; enfin, si l'objet est susceptible d'être divisé, celui qui l'a reçu doit le partager avec tous les assistants.

La langue des Béchouanas, singulièrement riche et poétique, indique que ce peuple a été jadis en possession de lumières et d'institutions bien supérieures à celles dont il jouit maintenant : les métaphores y abondent, les onomatopées y sont frappantes de justesse : ainsi, « les mots qui s'appliquent à des corps glissants, fluides, mobiles, sont riches en labiales ; ceux qui désignent des corps sonores sont riches en dentales. Un des caractères distincts du séchouana et aussi des langues des différents peuples de l'Afrique intertropicale, est la valeur considérable qu'y acquiert le préfixe ; combiné avec les radicaux, il donne le substantif, en multiplie le sens, marque le nombre, relie et harmonise les membres d'une phrase ; mais le mot par excellence de cet idiome est le verbe, qui présente un ensemble de combinaisons vraiment surprenantes. »

Bien que les noirs de ces régions n'aient aucun culte en commun, le sentiment religieux n'est pas aussi complètement éteint chez eux que l'ont prétendu la plupart des explorateurs de leur pays. Ce qui le prouve, c'est que leur langage fournit à nos missionnaires tous les termes propres à rendre l'idée des dogmes fondamentaux du christianisme. « Le substantif *molino* signifie l'être supérieur qui est dans le ciel, et l'idée de l'immortalité se retrouve dans les mots dont ils se servent pour remplacer le verbe *mourir : falla*, s'en aller, et *oroga*, rentrer chez soi. Sous ce rapport, malheureusement, comme sous beaucoup d'autres, la race mélanienne a subi un recul, et sa langue est restée plus riche que sa théologie ; chez elle, le sentiment religieux, déshérité de lumière supérieure et de direction, s'égare dans toutes les folies de la sorcellerie, et n'est plus qu'une sorte de malaise et de terreur. »

Si, de la langue et des croyances des Béchouanas, nous passons à leur organisation sociale, nous nous trouvons en présence du plus simple système de gouvernement qui se puisse imaginer, et pour peu que nous ayons compris le caractère de la race africaine, nous ne saurions nous en étonner. « Les complications, en effet, ne vont pas au génie de cette race; l'idée d'une délégation est au-dessus de sa portée; il faut que la naissance ou la force, deux faits qui sont à ses yeux d'ordre divin, lui impose l'autorité.

» Chaque tribu a son chef qui la gouverne directement ou par l'organe d'agents indigènes; sa volonté n'a d'autre contrepoids que les coutumes du pays. Quand il n'est pas juge dans sa propre cause, il administre généralement la justice avec assez d'impartialité. Sa décision est précédée d'un débat contradictoire où le pauvre parle avec autant de liberté que le riche. »

S'agit-il d'une affaire importante dans laquelle se trouvent engagés les intérêts de la tribu, le chef est tenu d'en référer à une assemblée générale de la nation.

Dans cette assemblée, qui est appelée *pitso* (convocation), « c'est un des conseillers du chef qui expose l'affaire. Il remplit habituellement cette tâche avec une remarquable impartialité, et en prenant bien soin de ne faire connaître ni son opinion personnelle, ni celle du chef. La parole est ensuite donnée à tous ceux qui la demandent ou plutôt qui la prennent. L'usage garantit une pleine liberté aux orateurs, qui ne se font pas faute de censurer les mesures prises par leur chef. Celui-ci, qui parle le dernier, se justifie si cela est nécessaire et clôt l'assemblée, dont le caractère est purement consultatif.

» Malgré ces allures d'indépendance, affectées par les Béchouanas en de certains moments, il est rare que dans les discussions ou conversations ordinaires ils se permettent d'interrompre ou même d'interpeller leurs chefs; ceux-ci, paraît-il, en ont profité pour prendre l'habitude de parler à tort et à travers, et cette habitude est si générale et si bien constatée, que lorsqu'un noir trouve que son interlocuteur manque de bon sens ou même d'une certaine suite dans ses répliques, il se contente de lui dire : « Vous parlez comme un chef! »

Si, après avoir quitté le territoire occupé par les Béchouanas, on franchit le Zambèze sous le méridien qui coupe l'Afrique australe en deux parties égales, et sous le 17° de latitude sud, on entre dans le *Londa*, vaste pays dont les limites sont incertaines. On sait seulement qu'au nord-est il rejoint les contrées baignées par le Tanganika, que Speke a décrites dans son voyage aux sources du Nil. A l'est et à l'ouest, il touche à des tribus qui subissent l'action plus ou moins directe des colonies portugaises de l'Angola et du Mozambique. Cette fraction de la race noire, désignée sous le nom de *Balenda*, occupe donc un trapèze dont les côtés parallèles s'écartent de 10 à 11 degrés.

Les Balendas sont, tant sous le rapport intellectuel et moral que sous le rapport physique, bien inférieurs aux Béchouanas, « traits plus durs, dents mutilées, fosses nasales élargies, lèvres fendues et trouées, coiffure extravagante, vêtements réduits à leur plus simple expression et parfois entièrement supprimés; mœurs aussi cruelles que corrompues, résultat de l'esclavage et du hideux trafic qu'il engendre; absence de vertus hospitalières, caractère général où les plus tristes reflets de la civilisation coloniale, arabe ou portugaise, viennent s'unir aux instincts les moins élevés de la nature humaine.

» Dans ces sombres régions, le despotisme atteint les limites de la folie, et les aberrations du sentiment religieux prennent des proportions inouïes.

» Aux deux extrémités est et ouest du trapèze que nous venons de décrire, des pratiques judiciaires qui rappellent l'*ordalie* ou jugement de Dieu des anciens Saxons, font de nombreuses victimes. Quand un individu est accusé de quelque méfait de sorcellerie ou de quelque autre délit du même genre, il est condamné par la tribu à « subir l'épreuve, » c'est-à-dire à boire une décoction vénéneuse; si l'accusé rejette le breuvage ou s'il le garde, il est condamné et puni de mort, lorsque le breuvage ne le tue pas, ce qui est rare. »

Tel est le pays, tels sont les peuples au sein desquels la civilisation européenne avance pas à pas, mais sûrement, dans l'Afrique australe.

Déjà, nous l'avons vu, une partie de ce pays a reçu des colons européens ; dans les parties où la colonisation n'est pas encore entrée et où elle ne s'établira peut-être pas de longtemps, les missionnaires, les voyageurs, les besoins et les appâts du commerce ont du moins percé le mystère dont naguère encore ces régions étaient entourées. Le nom de l'Europe, sa religion, ses produits, ses mœurs et ses tendances y sont, sinon complètement connus et appréciés, du moins entrevus et jugés irrésistibles. C'est un pas immense de fait, que l'abolition de la traite et la guerre déclarée à l'esclavage partout où peut atteindre l'influence des nations européennes, achèveront, dans un temps relativement prochain, de rendre décisif.

Ainsi, en effet, que nous l'avons fait ressortir à différentes reprises, le grand fléau de l'Afrique, ce qui a causé et ce qui maintient surtout la dégénérescence des populations ; ce qui fait, en un mot, que sous un ciel où tout est grandiose et splendide, où la végétation atteint des proportions inconnues ailleurs, où le règne animal n'est pas moins largement partagé, l'homme seul a subi ce « mouvement de recul » dont nous parlions plus haut, c'est le mépris de la dignité et de la liberté humaines. Le jour où la race nègre, respectant cette dignité et cette liberté dans chacun de ses membres, rejettera de son sein le principe de l'esclavage, et, par suite, cette chasse, ce trafic de l'homme qui la déshonore et l'épuise, ce jour-là elle sera bien près de la régénération que le monde civilisé rêve pour elle, et aux progrès de laquelle se consacrent avec tant de générosité et d'ardeur nos missionnaires et nos soldats.

FIN

— Lille. Typ. J. Lefort. 1885. —

www.ingramcontent.com/pod-product-compliance
Lightning Source LLC
Chambersburg PA
CBHW070658100426
42735CB00039B/2251